Flavia Mariano

INTERCÂMBIO aí vou eu!

Um guia completo para fazer intercâmbio em qualquer idade

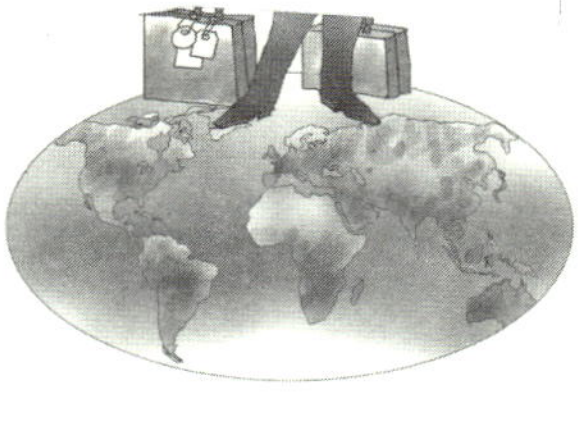

São Paulo
2008

EDITORA ALAÚDE

1ª edição em fevereiro de 2008 - Impresso no Brasil

Publisher/Editor: Antonio Cestaro
Editora: Alessandra J. Gelman Ruiz
Capa e Projeto Gráfico: Walter Cesar Godoy
Ilutrações: Otoni Gali Rosa
Impressão e Acabamento: EGB - Gráfica

Dados Internacionais de Catalogação na Publicação (CIP)
(Câmara Brasileira do Livro, SP , Brasil)

Mariano, Flavia
Intercâmbio, aí vou eu! : um guia completo para fazer intercâmbio em qualquer idade / Flavia Mariano. – São Paulo : Alaúde Editorial, 2008.

1. Estudantes - Programas de intercâmbio
2. Intercâmbios educacionais I. Título.

08-00995 CDD-370.1162

Índices para catálogo sistemático:
1. Estudantes : Intercâmbio : Educação
370.1162
2. Intercâmbio de estudantes : Educação
370.1162

ISBN 978-85-98497-85-3

R. Hildebrando Thomaz de Carvalho, 60 - CEP 04012-120 - São Paulo - SP
Telefax: (11) 5572-9474 / 5579-6757
alaude@alaude.com.br – www.alaude.com.br

Sumário

Introdução

Se você está pensando em fazer intercâmbio, este é o livro certo! Se você está sentindo frio na barriga, conflitos, medo e insegurança, misturados a uma ansiedade sem limites, vá em frente! Não se deixe intimidar! Este guia está aqui para ajudá-lo a lidar com todos esses sentimentos.

Algumas vezes tentei definir intercâmbio para quem nunca tinha feito. Me peguei pensando várias vezes na resposta para a pergunta: *O que é intercâmbio?* Se você olhar no dicionário, encontrará a definição dessa palavra, mas, na realidade, cada pessoa tem sua própria definição. Cada pessoa sonha com o intercâmbio de uma forma diferente e em momentos diferentes da vida. Do *high school* à pós-graduação, todo intercâmbio é único! Por mais que se tente explicar para um amigo as emoções de estudar fora, só existe uma resposta: você tem de ir e sentir.

Quando fiz intercâmbio, fiquei maravilhada com tudo o que vi e vivi; talvez, por isso, tenha feito três até agora. Mas cometi alguns erros que poderiam ter me poupado muita dor de cabeça se eu tivesse tomado alguns cuidados simples.

Antes do intercâmbio, eu me sentia ansiosa, maravilhada, e com medo de tudo o que estava por vir. A mistura de emoções, comum em intercambistas de todas as idades, não me deixou entender que intercâmbio é um projeto que deve ser muito bem avaliado e planejado. O antes é tão importante quanto o durante e, no caso do *high school*, por exemplo, é um projeto em família.

Somente em meu terceiro intercâmbio, percebi o quanto um bom planejamento faz toda a diferença. Daquela vez, eu já estava mais escolada e errando bem menos.

Foi quando surgiu este livro.

Estava em Vancouver, dando dicas a uma amiga, que foi para lá estudar inglês. Após ouvir meu repertório de conselhos, ela me disse que estava impressionada, e que se soubesse daquelas coisas antes de embarcar, teria errado muito menos e aproveitado algumas oportunidades que nem sabia que poderia haver. Por fim, ela disse algo que muita gente já dizia: *"Você precisa escrever um livro com todas essas informações! Se eu as tivesse ouvido antes, teria aproveitado muito mais e evitado muita dor de cabeça"*.

Pais de amigos também me faziam alguns interrogatórios e me pediam para conversar com seus filhos sobre as melhores opções, medos e as artimanhas de estar sozinho em outro país.

Percebi que as maiores dúvidas das pessoas eram as mesmas que eu tinha em meu primeiro intercâmbio, como: a vida antes do embarque, como escolher a agência, como eram os sentimentos de querer ir, mas também de querer ficar, a chegada, medos, os primeiros dias, as emoções, entre outras.

Pensando na sugestão de minha amiga e nas dúvidas de outros intercambistas, pensei em como poderia ter me poupado de alguns contratempos e ciladas. No terceiro intercâmbio, tudo fluiu melhor, com mais calma e aproveitamento. Percebi como os pais ficavam mais calmos quando conversavam comigo sobre o assunto. Alguns criam um bicho de sete cabeças, como se o intercâmbio fosse fazer algum tipo de transformação na mente de seus filhos. E faz! Mas para melhor! Intercâmbio transforma a cabeça de pessoas de todas as idades, tenham elas 20 ou 60 anos!

Estudar fora do país – seja para fazer *high school*, mestrado ou para aprender um idioma durante um mês – está se tornando cada dia mais comum.

Intercâmbio continua sendo um investimento alto, sem garantia de retorno, mas que, com certeza, muda sua vida. Ninguém volta de um intercâmbio com os mesmos pensamentos, independentemente da duração. O contato com outra cultura transforma o ser humano.

Hoje em dia, existem programas de intercâmbio para todas as idades, desejos e objetivos. Do adolescente ao executivo. Do professor à dona de casa. Seja por um mês ou um ano, essa é uma oportunidade de portas abertas para todos.

Nem sempre o principal empecilho para se fazer uma viagem internacional é o fator financeiro. Às vezes, há o medo do desconhecido. Eu mesma passei por isso. Sempre sonhei em fazer intercâmbio. Sonhava que estava na rua falando inglês e tinha certeza de que esse era o meu maior desejo. Mas, quando o sonho começou a virar realidade, tive de lidar com outro problema: o medo. Dá um frio na barriga saber que você está indo para outro país, sozinha, morar na casa de uma família da qual você nunca ouviu falar. Ainda mais quando não se tem o domínio da língua. Eu pensava: se algo me acontecer, quem irá me salvar? Será que na hora do nervoso eu saberei me expressar?

Sou viciada em intercâmbios e, por isso, sempre que posso, embarco para alguns meses de aprendizado. Nessas minhas experiências, escutei todos os tipos de histórias, além de ter vivenciado e ouvido relatos dos mais diversos, alguns bem-sucedidos, outros nem tanto. O choque cultural é inevitável, afinal, estamos falando de convivência.

Em todos os intercâmbios, existem dificuldades, alegrias, boas e más experiências. Não fique com medo da insegurança. Se servir de consolo, saiba que ela bate em todos. E é por isso que este livro está aqui. Para ajudar você a realizar seu intercâmbio e torná-lo o mais proveitoso e divertido possível!

Afinal, viajar é preciso!

CAPÍTULO 1

Por que fazer intercâmbio?

Não é fácil dizer, com exatidão, por que fazer intercâmbio é tão bom, ou por que deve ser feito. É o tipo de investimento e de emoção difíceis de explicar. Além de todas as vantagens evidentes, como a possibilidade de adquirir a fluência em uma língua estrangeira, ou a melhoria do currículo, o intercâmbio ajuda você a crescer como pessoa, como profissional e, principalmente, a saber se virar na vida.

Você aprende a ser mais tolerante a novas idéias, a aceitar as diferenças, a derrubar as paredes do seu pequeno mundo, e a não ficar achando que seu país e sua cultura são o centro do universo. Em todas as idades, em todos os momentos da vida, o intercâmbio é algo realmente enriquecedor.

Em uma de minhas viagens, conheci uma baiana que tinha tanta certeza dos benefícios do intercâmbio que, em vez de dar presentes no aniversário das filhas, dava viagens de intercâmbio:

> *Tenho três filhas meninas e, quando cada uma delas fez 15 anos, o presente não foi uma festa e sim um intercâmbio. Não tinham escolha. Todas elas entraram no avião chorando, mas depois não queriam voltar. Meu coração também ficava apertado, mas eu pensava no crescimento delas. Eu mandava uma filha insegura e a recebia de volta mais madura e confiante. Algumas pessoas diziam*

que elas eram muito novas e que eu deveria esperar pelo menos até os 17 anos. Mas acho que fiz certo. A vida é um risco. A mais nova está com 16 anos e terminando o high school em Winnipeg, no Canadá.

Joana, 52 anos

Cada pessoa tem seus motivos para falar sobre a importância do intercâmbio, mas se há uma coisa sobre a qual todas concordam é que a experiência é enriquecedora, e as dificuldades só as fizeram crescer. Eu sou uma delas. Tenho certeza de que não teria tanta confiança em mim mesma se não tivesse passado pela experiência de três intercâmbios. E ainda quero fazer muitos mais!

E quando dá aquele medo?

A maioria das pessoas que conheci durante meus intercâmbios, e nas entrevistas para este livro, me dizia que, antes de tomar a decisão de fazer o intercâmbio, sentiam um friozinho na barriga. Uma amiga comparou esse sentimento àquele que nos toma quando estamos flertando com um novo namorado. Sabe a sensação de borboletas na barriga? É como se estivéssemos indo para o primeiro encontro.

O medo e a ansiedade estão presentes não só quando se vai fazer intercâmbio, mas em qualquer grande passo que vamos dar em nossa vida. Por isso, não tenha medo *do medo* do intercâmbio. Ele passa.

É muito corajoso um adolescente de 15 anos pegar um avião rumo ao desconhecido. Sair da casa dos pais e embarcar para outro país, no qual não falam seu idioma, e ir morar na casa de uma família que tem costumes completamente diferentes dos seus é um desafio e tanto! Assim como também é muito difícil para um profissional, já estabilizado em sua profissão, largar o emprego para estudar em outro país. Como não sentir insegurança? Impossível! A boa notícia é que você pode não vencer seu medo e sua insegurança, mas com certeza pode aprender a conviver com eles. Por isso, se o medo bater, não tenha medo.

Acredito que, depois da falta de dinheiro, o medo e a insegurança sejam os principais freios que impedem de fazer intercâmbio. Intercambista com medo ou pais com medo, que, muitas vezes, impedem a viagem dos filhos. Mas os pais são assunto para a próxima seção. O que quero dizer agora é que o medo do desconhecido é normal em todas as idades, não só para quem nunca morou fora de casa, mas também para quem já saiu da casa dos pais há muito tempo.

Tenho duas amigas jornalistas que exemplificam bem o medo do desconhecido e a ansiedade que o intercâmbio pode trazer. Karla, de 25 anos, trabalha com assessoria de imprensa, e Lílian, de 32 anos, com ensino à distância. Ambas têm algo em comum: todas as vezes em que as encontro, ouço o mesmo discurso: *Ano que vem vou fazer intercâmbio*. Mas já ouço isso, digamos, há uns dois anos. Já ouvi todo tipo de desculpa vinda delas. Uma hora é o namorado, em outra é o trabalho, em outros momentos é o problema da falta de dinheiro, e por aí vai.

No ano passado, Karla estava com a oportunidade nas mãos. Tinha dinheiro, tempo e vontade. Comecei a ajudá-la a procurar agências e cursos. Mas, quando estávamos para fechar negócio com uma agência, ela me avisou que havia prestado vestibular e que voltaria para a sala de aula para fazer uma segunda graduação. Fiquei sem entender nada. Não questionei e só fiquei pensando que o medo a estava impedindo de realizar seu projeto de estudar fora do país.

O intercâmbio dá medo porque mexe com a nossa zona de conforto. Afinal, não é fácil sair da sua vida, na qual você já sabe o caminho a percorrer para ir estudar, trabalhar, para casa ou para a academia. Você sabe onde estão seus amigos e em que porta bater quando precisa de ajuda. Num intercâmbio, você terá de conquistar todo mundo, descobrir novos locais, e viver uma nova realidade, seja você adolescente, adulto ou idoso.

Não é fácil, também, saber que terá de mudar seus hábitos, habituar-se a novos sabores, e, em alguns casos, ficar sem celular e não ter tanta liberdade dentro de casa.

Se você achou a Karla medrosa, veja o caso da Lílian. Ela sempre sonhou em ir para a África do Sul. Perguntei a ela por que não ia logo, e ela me disse que nunca tinha tido oportunidade. Nasceu em uma família muito humilde, e que, até agora, aos 32 anos, não pôde transformar seu sonho em realidade.

No início deste ano, a oportunidade bateu à sua porta. Surgiu uma vaga para trabalhar em uma agência internacional de notícias. Onde? Na África! Como correspondente internacional.

Lílian vibrou com a oportunidade e mandou o currículo. Todos nós torcíamos por ela, apesar de suas chances serem muito pequenas. Mas o destino estava a fim de dar uma forcinha. Ela ficou entre as três finalistas. Marcaram uma data para conversar por telefone, e sabe o que ela fez? Simplesmente não atendeu! Disse que ainda não era o momento, e que iria esperar um pouco mais. Mandou um e-mail para o entrevistador agradecendo a oportunidade, mas dizendo que teria de ficar para a próxima. Fiquei passada quando ela me contou. Como perder uma oportunidade daquela? Realizar o sonho e ainda receber para isso! Só há um sentimento que pode nos fazer tomar atitudes assim: o medo. Não deixe ele vencer.

Nosso lado mais medroso nos dá mil motivos para adiar ou não fazer um intercâmbio, mas eu lhe digo que existem, no mínimo, um milhão para fazê-lo. Claro que não dá para listar todos aqui, mas aí vão alguns:

- Autoconhecimento
- Novos amigos
- Desafios
- Aprendizado
- Inserir-se no dia-a-dia de um país diferente e não só passear como turista
- *Upgrade* na sua carreira profissional
- Amadurecimento, em especial para quem faz *high school*
- E o principal: descobrir que você é muito mais capaz do que imagina

É por isso que tantas pessoas voltam maravilhadas de um intercâmbio. Elas têm a oportunidade de descobrir e de fazer o que querem, sem pensar no que os pais acham melhor, no que o chefe vai pensar, ou

qual exemplo darão aos seus filhos. Em um intercâmbio, seja ele de um adolescente ou de uma pessoa de 60 anos, existe a oportunidade de você ficar com você mesmo, de enfrentar os desafios e de buscar uma força que você nem sabia que existia. E, quando nos superamos, nos sentimos muito bem. Posso lhe garantir.

Se você está com medo de encarar um intercâmbio e está se perdendo nas desculpas que só enganam você mesmo, tenho apenas uma coisa a lhe dizer: arrume logo suas malas e mande o medo bater em outra porta.

O mundo é de quem faz!

Como fica quem fica?

Quem vai sempre deixa saudades, sejam pais, namorados, amigos ou filhos. Todos ficam ansiosos pela volta de quem partiu. A saudade está presente no coração de todos. Quem viaja também sente saudades, mas as novidades, as dificuldades, os estudos, tudo vai preenchendo seu dia-a-dia de tal maneira que o tempo passa sem que você nem perceba. Por isso, é bom que você entenda bem o sentimento de quem fica.

Não há como negar que quem mais sofre com a partida de alguém são os pais. Filhos vão ser sempre filhos, mesmo que eles tenham 90 anos de idade. Os pais sempre vão sentir sua falta. Agora, pense comigo: e quando esse filho ainda é um adolescente que está indo para outro país sozinho? Precisa ter muita confiança na educação que lhe foi dada. Além do mais, é muito difícil pensar que, de um dia para o outro, você vai acordar e seu filho não estará no quarto ao lado. É de deixar qualquer pai de cabelo em pé. Por isso, assim como os intercambistas, os pais precisam ser muito corajosos.

Especialmente para os pais de adolescentes que vão fazer *high school*, existem pessoas nas agências de intercâmbio que sabem exatamente como tranqüilizá-los. Essas conversas são bastante válidas, porque é a hora de tirar todas as dúvidas, expor as angústias e as inseguranças.

Mas, se para os pais do pessoal que vai para o *high school* há todo um preparo, o mesmo não acontece para os pais dos mais velhos, e para os namorados, maridos ou quem quer que fique por aqui à espera de quem foi desbravar o mundo. Por isso, seja compreensivo, pois, ao mesmo tempo em que quem o ama fica feliz por suas novas experiências, também fica com o coração apertado, esperando, ansioso, pela hora de sua volta.

Uma boa conversa é sempre válida. É bom que as pessoas importantes para você também estejam presentes nesse processo, principalmente quando a viagem é por um longo período. É desejável que todos estejam cientes do processo e confortáveis com suas escolhas.

Para os pais que ainda não se convenceram de mandar o adolescente para fazer *high school* no exterior, aqui vai mais uma dica: tenham sempre em mente que um filho deve ser criado para o mundo, por mais difícil que isso seja. Um filho que volta do intercâmbio volta transformado, mais esperto, mais feliz e consciente. Confiem na educação que vocês deram a ele e preparem seu coração para ficar longe por um tempinho. Todos saem ganhando.

Nada de ficar colocando minhocas na cabeça, como se o mundo fosse acabar, como se seu filho fosse uma flor delicada, ou ingênuo como uma criança. É o que mais se ouve: "*Ele é muito imaturo*". Convenhamos! No mundo atual, ninguém mais é tão imaturo. Você só prejudica seu filho ao frear seus desejos de fazer intercâmbio. Esse é o primeiro passo para a independência.

Um bom exemplo é meu irmão. Ele tem 15 anos de idade, e meu pai ainda liga do trabalho para saber se ele já escovou os dentes depois do almoço, e minha madrasta o ajuda com os deveres da escola. Por mais que eu fale que isso é absurdo, ninguém me ouve. Quando sugeri o intercâmbio para que ele amadureça, meu pai disse que ele ainda é uma criança, mesmo com meu irmão mostrando total interesse na experiência.

Se a insegurança ainda bate, lembre-se de que hoje em dia existe telefone, internet e avião, e muita tecnologia que faz a distância ficar bem pequena. Você não precisa dar liberdade total ao seu filho. Pode lhe dar a liberdade de ir para outro país, mas ficar sempre de olho nos passos dele, percebendo se tudo anda bem do outro lado do mundo. A maioria das agências pede que os pais não telefonem muito para que o filho possa imergir na cultura, e eu concordo com isso. Alguns pais conseguem essa proeza, mas se esse não é o seu caso... faça contato com seu filho sim! É até bom para ele ver que está longe de casa, mas que você ainda é o pai ou a mãe. Mas não telefone todos os dias! Aí não vale! Não deixe que suas inseguranças como pai atrapalhem ou freiem uma experiência tão bacana para seu filho.

Agora, se você já não é mais adolescente, mesmo assim sugiro que divida suas experiências com alguém, e coloque seus pais ou companheiros a par de tudo. É sempre bom ter alguém nos ajudando nessa hora. Dê sempre uma ligadinha, um alô, diga como andam as coisas, e mostre que está tudo bem. Afinal, se algo der errado, é para o colinho de casa que queremos voltar, não é mesmo? Seja qual for sua idade! Em todos os relatos que ouço, os intercambistas falam sobre a saudade da família. Como diria *Doroty* em o *Mágico de Oz*: *Não há lugar como o nosso lar*. Concorda?

CAPÍTULO 2

Por onde começar?

Esta é a pergunta que não quer calar: Por onde começar?

Com quem falar? Qual é o primeiro passo? São dúvidas comuns à maioria dos intercambistas, fique tranqüilo.

Fazer um intercâmbio é mais possível do que se imagina. Digamos que, atualmente, intercâmbio é algo viável financeiramente para bastante gente. Por muito tempo, intercâmbio foi sinônimo de viagem para pessoas com muito dinheiro. Mas os anos se passaram, a moeda do nosso país mudou, a sociedade em geral mudou, e hoje o intercâmbio está acessível financeiramente para muitos. Que bom!

Apesar disso, a mesma pergunta ainda continua na cabeça de quem pretende estudar fora do país: *Por onde começar*? Bem, não há receita de bolo. Cada um espera algo diferente do seu intercâmbio. Por isso, pesquisar bastante, saber quais são seus objetivos e perguntar a quem já foi ainda são as melhores opções.

Pergunte, pergunte, pergunte

Cada pessoa tem uma experiência diferente, vai para lugares, países e regiões diferentes, passa por determinadas vivências, aprende, come, economiza e aproveita. Enfim, cada ser humano é único, cada lugar é único e – o principal – cada intercâmbio é único! Por isso, pergunte bastante. As pessoas sentem o maior prazer em contar sobre suas experiências, e você, sem dúvida, tem o maior interesse em ouvi-las.

Antes de fazer intercâmbio, eu perguntava sem parar. Se eu sabia que determinada pessoa estava indo, ou que tinha acabado de chegar, eu a "alugava" com minha curiosidade. Às vezes, ficava constrangida, mas, quando voltei de viagem, vi que não era a única a me valer das experiências dos outros. As pessoas me enchiam de perguntas, do mesmo jeito que, antes, eu fazia.

Por que perguntar a quem já viajou é tão importante? Porque, quando você for a uma agência de intercâmbio, eles só vão lhe dizer coisas boas e mostrar todas as experiências maravilhosas que estão por vir. Não se iluda. Insisto que as melhores dicas, opiniões, sugestões e conselhos são aqueles que você ouve de pessoas que já foram. Elas vão lhe dizer o que foi bom, o que foi ruim, os apertos, os erros e os acertos.

Para o pessoal que vai fazer *high school*, por exemplo, é bom que pegue dicas com os amigos. Pergunte como escolheram a agência, o país, do que gostaram, do que se arrependeram, etc. Já os pais podem conversar com os pais desses amigos e saber como lidaram com as inseguranças, com a saudade e com os problemas. Não há reunião em agência que supere uma conversa de pai para pai.

Se você já não é adolescente, também vale a pena perguntar, principalmente se você vai fazer cursos profissionalizantes ou um estágio em sua área de atuação. As respostas dos intercambistas são sempre as mais verdadeiras e valiosas, pois eles vão lhe dizer o que teriam feito melhor, e falar das armadilhas nas quais não teriam caído. Nunca menospreze um bom bate-papo. Ele pode valer ouro para seu sucesso no intercâmbio!

Enquanto procura uma boa agência para viabilizar seu intercâmbio, seja um bom ouvinte e não fique constrangido em perguntar – e muito – sobre a experiência de outras pessoas. As dicas são muito válidas.

Por onde começar

- Leia sobre o assunto
- Coloque seus objetivos no papel, para que fiquem bem claros para você. Isso ajuda a direcionar suas buscas
- Pergunte, pergunte e pergunte a todas as pessoas que já fizeram intercâmbio
- Procure uma agência

Capítulo 3

Escolhendo como e quando viajar

Depois de ouvir todas as informações de quem já viveu essa experiência, e de ler tudo o que é possível, não há saída: você tem de buscar uma *agência* para intermediar sua ida. Usarei aqui o termo *agência* para me referir a qualquer instituição que possa viabilizar seu intercâmbio, como escolas de línguas, agências de viagens, agência de intercâmbio, etc.

Na primeira vez em que viajei, uma amiga, que já havia morado no Canadá por três anos, insistiu para que eu não utilizasse os serviços de uma agência, e fizesse tudo por minha conta, como achar, pela internet, uma escola, a *homestay* (chamamos de homestay a acomodação para os intercambistas, como a casa de famílias que acolhem os viajantes), etc. Ela dizia que, dessa forma, sairia muito mais barato. Mas era a minha primeira viagem para o exterior, eu falava um inglês básico e, como qualquer ser humano, queria alguma segurança, e isso era o que eu via numa agência. Por isso, agradeci a ajuda, mas preferi "segurança" à economia.

Várias instituições podem viabilizar seu intercâmbio: escolas de línguas, agências de viagens, agências de intercâmbio, ou até mesmo a escola ou a universidade em que você estuda. Outra opção é entrar em contato diretamente com as escolas do país de destino pela internet ou por telefone. As possibilidades são inúmeras. Até mesmo por meio de concursos você pode fazer seu intercâmbio. Algumas instituições oferecem bolsas de estudos gratuitas, e você apenas arca com as despesas pessoais. Já quem está no mestrado ou no doutorado pode fazer o complemento de suas pesquisas no exterior com tudo pago, além de receber uma bolsa de estudos para se manter.

Mas se há tantas opções, qual a diferença entre elas? Fazer intercâmbio por intermédio de uma universidade, ou com uma bolsa, é uma conquista, pois, geralmente, a concorrência é grande, e os pré-requisitos são muitos. Essa modalidade é mais comum quando a pessoa está dedicada à vida acadêmica e opta por fazer um mestrado *sandwich*, por exemplo. Já no caso da agência de turismo, ou de sua escola de línguas, é só escolher seu intercâmbio, pagar e viajar. Não precisa ser o melhor da turma ou ter contatos para contratar o programa. Claro que algumas exigências sempre terão de ser cumpridas.

Se você pensa em fazer *high school*, é melhor dar uma olhada com cuidado nas exigências da escola do país de destino. Em alguns locais, é preciso ter notas bem acima da média. Ser um aluno com boas notas é bom em qualquer idade e em qualquer situação. Faz você ganhar pontos do *high school* ao doutorado. Só traz benefícios. Você não vai querer que suas notas abaixo da média atrapalhem seus planos, vai?

Quando você estiver na agência, é preciso ter em mente que, como qualquer vendedor, o agente está ali para vender. Com certeza vão achar um intercâmbio que se ajuste perfeitamente ao seu desejo e bolso. E é exatamente por isso que se deve agir com cautela. É cruel, mas você é só mais um possível comprador, como em qualquer outra forma de comércio.

Por isso, pesquise muito. Não vá só às agências de conhecidos ou às maiores da sua cidade. Vá às pequenas empresas e às menos conhecidas também. Pergunte sobre cada detalhe, e exija que tudo esteja sempre muito claro. Seja firme, pois eles vão tentar envolvê-lo. E você é um alvo fácil, está cheio de expectativas, como uma noiva indo para o altar.

Nunca deixe de ler o contrato atentamente e exija todas as garantias de que tudo o que está sendo prometido será cumprido. Existem muitas boas agências, mas, como em qualquer negócio, existem as que podem nos dar muita dor de cabeça.

A escolha da agência

Quando fui procurar uma agência para meu primeiro intercâmbio, visitei várias, mas acabei contratando os serviços de uma em que a amiga de minha mãe trabalhava. Achei que seria mais seguro, pois, além de haver a referência da escola, que é conhecida em todo o Brasil, teria a segurança de estar fazendo negócio com alguém já conhecido.

Apesar de os serviços serem, em média, 30% mais caros, apostei no meu critério de seleção, que foi acreditar que teria um tratamento especial por causa da amizade. Ledo engano. Foi pior ainda. Decepcionei-me com os serviços da agência. Muitas promessas não foram cumpridas e, quando eu queria cobrar, com raiva, tinha de falar com toda a educação e engolir as inúmeras falhas, pois era a amiga da minha mãe.

Quando fechei o contrato com a agência, a tal amiga me prometeu dar o nome e o e-mail da *homestay* em uma semana, no máximo duas, para que eu pudesse entrar em contato com a família e já ir me entrosando. Porém, faltando apenas três dias para a viagem, eu não tinha a menor idéia de onde iria ficar. Só sabia que seria em Toronto, no Canadá. Foi uma experiência terrível. Eu ligava para a agência e a "amiga" da minha mãe dizia, com toda a calma, que era assim mesmo, e que, no dia seguinte, chegariam as informações sobre a família com a qual eu iria morar. O problema é que, no dia seguinte, nada acontecia, e o meu nervosismo só aumentava.

Ao assinar o contrato com a agência, preenchi um formulário em que eu mencionava o que eu queria e o que eu não queria na *homestay*. É um procedimento de praxe. Deixei bem claro que não poderia ficar em casa com cachorro, nem gato, porque sou extremamente alérgica. Mas... a casa era toda de carpete e tinha nada mais, nada menos, que dois cachorros enormes e um gato, que conviviam em perfeita harmonia. Só fiquei sabendo disso quando? Um dia antes de viajar! E fui informada, pela agência, que não havia mais tempo para achar outra família, porque estava muito em cima da data da viagem. Então, eles me propuseram o seguinte: "Você vai e, enquanto isso, vamos tentando mudar você de casa". É claro que não iam tentar nada! Meu intercâmbio era de apenas um mês, nem daria tempo.

Na hora do jantar, a dona da casa comia com o gato no colo, e os pêlos voavam em nossos pratos. Eu espirrava sem parar. Tinha de dormir todos os dias à base de remédios para alergia, que me dopavam. Mas sobrevivi!

Mesmo sabendo que nem sempre o que você diz querer ou não nessa ficha será cumprido, preencha com cautela e cuidado. Se não quer casa com cachorro, diga isso claramente. Se não quer gatos, crianças, fumantes, deixe claro. A agência não garante que você será atendido, mas seja incisivo. Se não suporta cheiro de cigarro, como ficará na casa de um fumante durante meses ou um ano?

Algumas pessoas que têm animal em casa podem achar frescura alguém não aceitar uma casa com bichos; mas pense no inverno? Tudo cheio de neve. O animal ou os animais, como foi o meu caso, ficam convivendo com você o tempo todo. Em um dos jantares na *homestay*, por exemplo, o gato estava doente e começou a vomitar na nossa frente. O dono da casa levantou da mesa, pegou o animal no colo, a esposa limpou o chão rapidamente com um papel toalha e ponto. Nem um paninho molhado! Nem um produtinho para tirar o cheiro ruim! Nada! Naquele dia ficou impossível comer. Os pêlos nos nossos pratos e o vômito na nossa frente! Urg!

Não ignore essa fase de escolhas. Principalmente da agência. Não se iluda com promessas. Deixe as ilusões e expectativas fora do contrato. Afinal, é seu dinheiro, ou dos seus pais, que está em jogo. Não que as agências sejam cruéis ou não cumpram com o combinado. Nada disso. Sem drama. O problema é que, às vezes, enxergamos tudo muito colorido, e as coisas não são bem assim. Você está contratando um serviço como qualquer outro, e ilusões não combinam com negócios.

Quer um exemplo? Na segunda vez em que fiz intercâmbio, já formada em Jornalismo, queria ficar um ano nos EUA em um tipo de programa no qual você faz estágio em sua área de formação, em um programa específico para recém-formados. Custava caro, mas fiquei encantada com as promessas da agente, que me vendeu maravilhas e disse que o estágio seria remunerado. Eu olhava aqueles *folders* da agência, com os jovens felizes trabalhando nos EUA, e me imaginava lá, com aquele sorriso no rosto. Presa fácil, né?

Nesse programa, eu não poderia escolher o local do país para onde queria ir, nem a área específica do Jornalismo. Mas tive a promessa de que atuaria na minha área, com remuneração (pouca), mas com pagamento semanal. Para mim soava razoável. Afinal, seria assim, ou não teria dinheiro para ficar um ano inteiro sem receber nada.

Dei a primeira parcela do pagamento, fiz todas as provas, assinei contratos e mais contratos, gastei dinheiro traduzindo todos os documentos para ser enviados para as empresas nos EUA, gastei uma fortuna com traduções juramentadas e com cada detalhe que me exigiam. Tudo do jeito que a agência pediu. Atendia a todas as exigências e fazia muito poucas. Confesso que estava tão ansiosa para viajar logo que deixei passar despercebidos muitos sinais que me alertavam que as promessas não seriam cumpridas. Mas fui me deixando levar, mesmo sendo meu segundo intercâmbio!

Meu critério de escolha, daquela vez, foi o tipo de intercâmbio, que só aquela agência oferecia, e o fato de ela ser a maior rede do país. Achei que fosse o suficiente. Na verdade, meus critérios estavam furados, pois estava muito iludida e encantada com a possibilidade de estagiar fora do país, recebendo para isso. Ficava me imaginando em uma redação, aquela correria, e emoções. Estava com a cabeça nas nuvens.

Depois de dois meses juntando todos os documentos e fazendo todos os testes que eles exigiam, a agência me deu o prazo de um mês para informar minha colocação e em que local dos EUA eu iria estagiar. Mas o tempo passou, passou, e, depois de dois meses, uma pessoa da agência me ligou dizendo que havia chegado minha colocação. Perguntei, toda animada, onde seria, fazendo o quê e – o principal – quanto receberia. Qual não foi minha surpresa quando a agente disse que o estágio não seria remunerado! Levei um susto! Argumentei, briguei, mas de nada adiantou. Ela disse que já havia deixado isso claro para mim desde o início. Mentira pura.

No dia seguinte, fui à agência. O gerente me recebeu aos berros, querendo me intimidar. Não entendi nada. A todo momento, estava tratando com a agente, e agora o gerente vinha falar comigo aos berros? Foi surreal!

Tentei explicar para ele todo o meu processo, mas ele foi logo dizendo que não tinham prometido nada de estágio remunerado, e que a única coisa que eles ofereciam na minha área, o Jornalismo, era estágio sem remuneração. Fiquei sem chão. Expliquei a ele o que a funcionária havia me dito quando assinei o contrato, e pedi que falasse mais baixo, pois a agência inteira estava olhando para nós. Quase chorei de vergonha da cena que estava formada, mas nada tinha a fazer. Foi impressionante como as caras amigáveis de quando fechei o contrato passaram a me ver como uma inimiga.

Resolvi não brigar mais. Pedi meu dinheiro de volta. Para minha surpresa, o gerente disse que tudo bem, mas que eu receberia apenas 60% do valor pago, conforme estava no contrato, pois eu é que estava desistindo. Gelei! A ficha caiu! Como pude ser tão ingênua?

Minha mãe estava ao meu lado o tempo todo, calada. Ela dizia que eu já tinha 22 anos e que poderia me virar sozinha, pois durante todo o processo ela achava que tinha algo de errado, mas eu sempre dizia que era coisa da cabeça dela.

Sem saída, olhei para minha mãe, pedindo socorro! Ela teve pena de mim e resolveu se pronunciar. Como num filme, tirou da bolsa um termo de compromisso, no qual constava que o estágio era remunerado. Esse termo de compromisso, redigido por ela, foi assinado pelo gerente, pela funcionária que estava cuidando do meu processo, e por mim, no ato do contrato. Desde o início da negociação com a agência, ela achou tudo um pouco estranho, e o contrato muito superficial. Ela me alertou várias vezes, mas eu estava muito empolgada com a viagem e dei crédito demais a promessas que não seriam cumpridas.

Minha mãe não é advogada, mas tinha menos expectativas que eu, e isso ajudou, pois ela redigiu aquele documento, de uma página, simples, no qual listava de forma clara e sucinta meus direitos e minhas obrigações.

Mesmo apresentando esse documento ao tal gerente, o problema não foi resolvido. Ele questionou sua legalidade, ficou mais nervoso, gritou mais ainda, e tivemos de ir embora antes que ele fosse para a rua gritar como um louco.

Entramos em contato com a sede da empresa e explicamos a situação. Eles disseram que não existia nenhum programa com estágio remunerado na minha área. Todos eram voluntários. Pediram que enviássemos aquele documento redigido por minha mãe e assinado por todos. Lembro que, na época, quase morri de vergonha quando ela pediu que todos assinassem aquele documento extra. Mas, naquele momento, era o que estava me salvando.

Depois de muitas brigas e desavenças, desculpas e a contratação de um advogado para tomar a frente da negociação, conseguimos reaver 100% do dinheiro pago. Sem descontos. Foi até relativamente rápido. Recebemos o dinheiro um mês depois do primeiro contato com a sede. Mas as cópias juramentadas, as despesas em geral e o tempo foram mesmo perdidos. Perdi quatro meses nesse rolo todo e tive de começar minhas buscas do zero.

Fatos como esse acontecem todos os dias. Isso quer dizer que você tem de fazer um contrato à parte em todos os seus intercâmbios? Não. Só se o contrato não for bem claro, como era o meu caso. Se perceber que algo não está muito condizente, redija um termo e peça que seja assinado por todos os envolvidos e anexado ao contrato. Pode até dar vergonha na hora, parecer que estamos desconfiados, mas se a empresa for honesta, por que se negará? Além do mais, você não estará interferindo no contrato padrão deles, apenas se resguardando. Então, se o contrato especifica claramente as promessas da empresa e suas obrigações, é só assinar!

Tenha sempre alguém para auxiliá-lo. Pode ser um amigo, seus pais, um primo ou até mesmo alguém que já fez intercâmbio. Uma pessoa de fora vê tudo com menos expectativa.

Vou contar outro caso. Conheci a empresária mineira Vanessa, em Vancouver, no Canadá. Ela foi "premiada", e só teve problemas. Por coincidência, contratou os serviços da mesma agência envolvida nesse fato que acabei de relatar. Comecei a falar mal da empresa, e ela, mais ainda. Contou-me que, por ser muito organizada, planejou a viagem com bastante antecedência. Faltando quatro meses para viajar, tudo já estava acertado e pago. Sendo assim, ela entregou o passaporte à agência para que fosse providenciado o visto canadense. Depois de três meses, ainda não havia resposta. Quando faltava um mês para a viagem, ela foi à agência para tentar entender o que estava acontecendo. Sem nem mesmo verificar, disseram que o passaporte já havia sido enviado para o consulado e, em duas semanas, estaria com o visto. Vanessa aceitou a resposta e foi embora. Como morava no interior e em sua cidade não tinha filial da empresa, ela cobrava por telefone.

Faltando apenas dez dias para o embarque, e nada de passaporte, Vanessa foi novamente à agência. Qual não foi sua surpresa ao saber que acharam seu passaporte perdido dentro da gaveta! Não havia sido enviado para o consulado canadense. Eles deram as desculpas mais inusitadas do mundo, mas não havia muito mais a ser feito. As desculpas não mudariam nada. Ela perdeu a data da viagem e só pôde embarcar duas semanas depois do previsto. Mas seus problemas com a agência não pararam por aí. Você ainda vai ouvir falar da Vanessa por aqui.

Essas histórias desagradáveis servem para ilustrar algumas decepções que já podemos ter antes mesmo de embarcar. Não estou dizendo que nenhuma agência seja boa. Todas são! Mas é preciso ter sempre claro que você está assinando um contrato de serviço, que só vai se materializar quando você chegar a outro país, e, quando telefonar para o Brasil cobrando alguma promessa não cumprida, talvez o telefone da agência esteja sempre ocupado, ou a pessoa responsável tenha "dado uma saidinha".

Evite surpresas desagradáveis

Deixe as emoções e expectativas de lado quando for assinar o contrato de viagem e exija tudo o que quiser e puder. Pergunte bastante e procure esclarecer todas as suas dúvidas, você tem esse direito. Não aceite o contrato verbal, nem mesmo se estiver contratando os serviços da agência do seu irmão, pois a maioria das agências no Brasil é representante de escolas e de instituições do exterior, e ganha comissão pelos seus serviços.

Funciona assim: quando você contrata uma agência aqui no Brasil, ela tem uma lista de escolas e instituições que representa em outros países. A agência preenche sua ficha e a envia para essas escolas e/ou instituições representadas, que vão procurar sua *homestay* e fazer sua matrícula na escola particular ou pública, no caso de *high school*, de línguas, ou no curso desejado. É simples assim. A escola e/ou a agência daqui só faz essa ponte. Por isso, tenha sempre em mente que a compra do serviço de intercâmbio é a prestação de um serviço, e o contrato é sua única garantia. No livro *Viajando direito: Guia prático dos direitos e deveres dos turistas e prestadores de serviço,*[1] a advogada Luciana Rodrigues Atheniense diz o seguinte:

> *O intercambista é, na realidade, o consumidor final dos serviços contratados pela agência. Esta será responsável, solidariamente, pelos serviços contratados com terceiros no exterior. A responsabilidade da empresa de intercâmbio não cessa após a venda da viagem. Pelo contrário, suas obrigações para com o intercambista subsistem enquanto ele estiver vinculado ao programa.*

O problema é que muitas empresas, depois que você já está viajando, esquecem-se disso.

Na fase em que estiver perguntando aos conhecidos como foram suas viagens, sempre informe-se sobre a empresa que eles utilizaram, do que mais gostaram e quais foram suas decepções com a contratada.

1 Editora Leitura, 2006, Belo Horizonte.

Seja realista! As empresas falham, mas o intercambista também. Às vezes, criamos certas expectativas em nossa cabeça que não podem ser cumpridas e nem estão sendo oferecidas pela empresa. Saiba exatamente o que quer receber e o que está sendo oferecido, para evitar frustrações.

Os pais de quem vai para o *high school* devem ficar bem atentos nesse momento. Preocupem-se menos com seus medos e inseguranças e invistam mais na busca por detalhes sobre a viagem do seu filho. Se o pai é liberal e deixa tudo por conta do filho, ao menos que esteja atento na hora de assinar o contrato, certo?

Quando for fechar com a agência, exija todas as promessas por escrito, mostre sempre o contrato a uma terceira pessoa e, assim, fique tranquilo! Afinal, todas as empresas têm problemas, falhas e, claro, muitos bons serviços. O Brasil está cheio de agências competentes, que podem fazer seu intercâmbio ser o mais proveitoso possível. Mas, como diziam nossas avós, *o seguro morreu de velho*!

Relembrando!

- Consulte, no mínimo, três agências
- Ouça pessoas que já utilizaram seus serviços
- Exija tudo por escrito
- Seja maleável quando for preciso
- Acompanhe o andamento do seu processo

CAPÍTULO 4

Isso não pode faltar em sua viagem

Dicas, dicas e mais dicas, esse é o item que não pode faltar em sua viagem. São pessoas da sua cultura que já foram, viram, visitaram, gostaram ou odiaram. Não estou dizendo que você vai seguir os passos de quem já foi, mesmo porque aquilo que seu amigo não gostou, você pode achar maravilhoso. Porém, informações de um guia, de um manual ou da internet não se comparam a uma conversa sincera com alguém que fez um intercâmbio e que pode esclarecer todas as suas dúvidas.

Quer um exemplo? Um mês antes de eu viajar para o Canadá, encontrei um casal de amigos do meu namorado, que havia acabado de voltar de lá. Nós os enchemos de perguntas, claro. Reclamaram da *homestay*, disseram do que gostaram e nos contaram seu pior erro: não fizeram nenhum passeio enquanto estiveram por lá. Eles fizeram um intercâmbio de cinco semanas, para estudar inglês, e ficaram com medo de sair sozinhos para as cidades ao redor. Além disso, não fizeram uma pesquisa prévia sobre o país, não se informaram sobre excursões, pacotes de viagem, aluguel de carro, nada! Era a primeira viagem internacional deles, e ficaram completamente reféns da inexperiência.

Eu, por exemplo, tenho dois títulos de pós-graduação, e estava pensando seriamente em fazer um mestrado fora do país. Mas, conversando com um aqui, outro ali, percebi que tinha uma idéia bem equivocada do processo. Tinha expectativas em excesso. Talvez seja melhor optar por um mestrado *sandwich*. Ainda estou considerando as alternativas, mas as dicas que recebi clarearam o horizonte.

Dicas representam o primeiro contato com seu intercâmbio. Aproveite todas que puder e achar interessante. O casal optou por não fazer nenhum passeio, por medo e em nome de estudar ao máximo. Eu, contudo, sou a favor do equilíbrio. Sugiro que ouça as dicas, equilibre lazer com estudo, e aproveite à sua maneira. Só seu objetivo é que lhe dirá quais as melhores escolhas a fazer.

Passaporte

Se você ainda não tem, o que está esperando? Ele é seu primeiro passo para ser cidadão do mundo! Mesmo que você pretenda fazer seu intercâmbio daqui a três anos, dê logo entrada no seu passaporte. Ele tem a validade de cinco anos e, por isso, você pode ficar tranqüilo.

Para quem está planejando fazer o *high school*, esse é o primeiro passo para a concretização desse projeto em família. Afinal, todos são envolvidos. É a sensação de que a hora está chegando de verdade.

Tirar seu passaporte é muito fácil. Só é preciso ir à Polícia Federal, informar-se sobre os documentos necessários e as taxas a serem pagas.

Algumas pessoas pensam que só é possível tirar o passaporte se estiverem com a viagem marcada. Pois saiba que não é assim que funciona. Passaporte é um documento ao qual você tem direito a qualquer momento que desejar. Não deixe para tirar o seu em cima da hora, nunca se sabe quando as oportunidades vão aparecer.

Minha mãe foi quem me obrigou, literalmente, a tirar o meu passaporte. Na saída da Polícia Federal, eu disse a ela: "*Para que você me obrigou a vir aqui fazer isso? Não temos como pagar a viagem!*". E ela me disse: "*Se uma caminhada começa com o primeiro passo, você acaba de dar o seu. Agora o caminho está mais curto*". Confesso que, quando peguei aquele verdinho nas mãos, parecia que, realmente, estava mais perto do meu sonho. Então minha dica é que você dê o primeiro passo!

Para os que já têm esse documento básico para ganhar o mundo, minha única dica é que você fique atento à data em que ele vai expirar. Se ele estiver com a validade menor que seis meses, é melhor renová-lo.

Quando for viajar, tire uma cópia das primeiras páginas do seu passaporte e do seu visto. Se você vier a perdê-lo, pode ser de grande valia. Essa cópia não substitui o original, mas pode ajudá-lo na hora de resolver esse problema. Sugiro que deixe uma cópia com alguém aqui no Brasil também.

Visto

Lembra da Vanessa? Eu disse que voltaríamos a falar dela. Nós nos conhecemos numa viagem para Seattle, EUA. Vancouver fica muito perto de Seattle, aproximadamente duas horas de ônibus. Como não achei ninguém do meu grupo que tivesse o visto americano para ir comigo, resolvi ir sozinha. Comprei o pacote de um dia numa excursão de coreanos, pois era a mais barata e porque a maioria das opções de pacotes de turismo era do pessoal de "olhinho puxado". Vancouver é quase uma extensão da Ásia.

Achei que seria a única brasileira naquele *tour*, mas, lá no ônibus, estava Vanessa, com duas amigas coreanas. Notamos que éramos as duas estranhas no ninho, e nos apresentamos. Sentamos juntas e fomos conversando durante todo o caminho. Após quase uma hora de viagem, o ônibus parou para que passássemos pela imigração americana. Descemos todos do ônibus, e entramos em uma fila enorme. Todos que queriam cruzar a fronteira tinham de fazer o mesmo.

Em pé na fila, conversa vai, conversa vem, Vanessa abriu o passaporte e me mostrou seu visto canadense. Levei um susto. Perguntei se ela só tinha aquele visto, e ela disse que sim. Pensei bem antes de falar, mas não teve jeito. O visto dela era de uma entrada e, para sair do Canadá e voltar, com o mesmo visto, é preciso ter o de múltiplas entradas, que você pede quando tira o visto no Brasil.

Vanessa ficou apavorada e chamamos o guia da excursão. Ele disse que eu estava certa, mas que agora ela não podia fazer mais nada, pois ali já era território americano. Disse, ainda, que ela teria problemas para retornar ao Canadá, e talvez nem pudesse. Talvez Vanessa tivesse de ficar nos EUA e tirar um novo visto para voltar para Vancouver, mas ele não tinha certeza, pois aquilo nunca havia acontecido em suas excursões.

Assustada, Vanessa estava branca como um papel. Por orientação do guia, ficou calada e seguiu na fiscalização. O ônibus nos esperava do outro lado e tínhamos de seguir viagem. A excursão não poderia parar, e ela não tinha outra saída senão seguir conosco.

Durante todo o dia da excursão, Vanessa ficou extremamente nervosa e não aproveitou nada. Em cada lugar em que parávamos, ela ligava para a mãe no Brasil, pedindo para ela entrar em contato com as pessoas da agência e exigir que elas tomassem as devidas providências. Mas nada foi resolvido. Era sábado à tarde, e no Brasil já era quase noite.

Todos estávamos solidários aos problemas de Vanessa. Até os coreanos estavam tensos por ela, mas tínhamos de aproveitar ao máximo. Afinal, era apenas um dia em Seattle. Enquanto morríamos de comprar nos *outlets*, Vanessa roía todas as unhas e se descabelava.

No fim da tarde, pegamos o ônibus de volta para Vancouver. Vanessa sentou ao meu lado e se agarrou a um escapulário que tinha no pescoço. Não o soltava por nada. Não tínhamos noção do que poderia lhe acontecer. Era verão, fim de tarde, o céu lindo e alaranjado nos seguindo no percurso, mas nada acalmava Vanessa. Tivemos de parar três vezes no caminho até a divisa com o Canadá porque, de tão nervosa, ela teve problemas intestinais.

Depois de uma hora de viagem e de muita tensão, chegamos à fronteira. Diferentemente da ida para os EUA, não precisamos descer do ônibus. Foi ao contrário. Do lado de fora, o guia da excursão deu aos agentes uma lista com todos os nomes de quem estava no ônibus. Da janela eu olhava tudo e narrava para Vanessa, que mal conseguia abrir os olhos. Só rezava.

Dois agentes de imigração canadenses entraram no ônibus e começaram a chamar algumas pessoas pelos nomes. Pediam passaporte, revistavam as bolsas e as sacolas de compra. Chamaram umas dez pessoas e, depois, começaram a andar no corredor. Eu e Vanessa tínhamos certeza de que nos chamariam, pois éramos dois seres estranhos no meio daquela imensidão de coreanos. Eu estava tranqüila, pois tinha o visto correto, mas Vanessa tremia tanto que dava pena.

Milagrosamente, os agentes desceram do ônibus e mandaram que o motorista seguisse viagem. Por muitíssima sorte não chamaram o nome da Vanessa, e ela estava de volta ao Canadá.

Situações como essa acontecem todos os dias, em todos os lugares. Várias pessoas, quando vão a Vancouver, não sabem que podem visitar Seattle, nos EUA, que fica bem mais perto do que as Montanhas Rochosas, no próprio Canadá, e por isso não providenciam o visto americano antes de viajar. Como disse antes, no meu grupo ninguém havia tirado o visto americano.

Para não perder oportunidades, saiba sempre o que há ao redor do local e/ou do país para o qual você está viajando. Mesmo que não tenha a intenção de fazer grandes passeios, pesquise sobre vistos necessários, excursões da escola e coisas do tipo. Imagine, por exemplo, a Europa, em que os países são muito próximos. Nós, brasileiros, não precisamos de visto, mas é preciso que estejamos bem informados.

Existem sites da internet que vendem passagens aéreas por alguns poucos euros ou passes de trem mais baratos para estudantes. Informação adicional nunca é demais. Fique atento, também, ao tipo de visto exigido pelo país para o qual está indo. Lembre-se de Vanessa.

Pesquisas e leituras terão de ser feitas por você. A agência não faz. Pode até dar algumas dicas, mas só você poderá buscar todas as informações existentes sobre o assunto. Prepare-se e mãos à obra! Vale a pena!

Alguns países exigem que você tenha o visto, como é o caso dos EUA, e muitas pessoas não conseguem obtê-lo. Por isso, antes de contratar o serviço da empresa, ou de fazer matrícula na escola de destino, certifique-se de que tem o visto em mãos, pois as empresas têm a obrigação de devolver o dinheiro pago, mas também têm o direito de reter uma parte para cobrir as despesas operacionais. Está no contrato. Daí a importância de estar sempre com tudo por escrito, deixando claro se a empresa reterá determinado valor caso você não consiga o visto ou desista do programa por algum motivo. E é justo, concorda?

Tenha sempre uma segunda opção. Se não conseguir o visto para um país, vá para outro. Sem drama. A não ser que seja seu sonho de infância, não fique meses ou anos tentando entrar em determinado país que não o considera qualificado para estar lá. Parta para outra e vá ser feliz! Há todo um mundo a ser descoberto.

A dificuldade de se conseguir o visto americano fez com que alguns países, como o Canadá e a África do Sul, tomassem impulso para o aprendizado do inglês. O mundo globalizado permite que você vá cada dia mais longe, e aos lugares mais inusitados. Por isso, antes de fechar qualquer contrato, é bom que, se possível, você esteja muito bem informado sobre as exigências para se entrar no país de destino. Pode não haver o controle do consulado aqui, por meio da emissão de vistos, mas pode ser que você não seja aceito ao passar pela imigração ao desembarcar do avião. Esteja sempre com toda a sua documentação em ordem e à mão!

Fique atento não só aos vistos, mas às vacinas necessárias e exigências do país de destino. Quando estava aguardando meu vôo para Paris, ouvi uma moça exaltada falando ao telefone com a mãe. Ela não sabia que, hoje em dia, para entrar na França é preciso que você faça um seguro saúde em um valor mínimo determinado por eles. Ela embarcou comigo no vôo, mas depois não tive mais notícias. Para evitar passar por situações como essa, ou como a de Vanessa, que não sabia se poderia voltar ao Canadá, faça pesquisas a respeito das exigências para entrar no país para o qual está viajando. Assim, você embarca com segurança, tranqüilidade, e aproveita tudo ao máximo!

Meios de transporte

Muitos países, como Canadá, Itália ou Japão, têm um sistema de passes para os meios de transporte. Em alguns locais, você compra um cartão e tem direito a utilizá-lo quantas vezes quiser durante todo o mês. Porém, poucas agências – e nenhuma das que eu tenha ouvido falar – avisam você dessa facilidade.

E por que é importante saber disso antes de viajar? Porque, no Canadá, por exemplo, esses passes são vendidos, geralmente, até o quinto dia útil do mês; depois, só no mês seguinte. Se você chegar no meio do mês, vai gastar mais. Lembro-me de que, por sorte, quando viajei para Toronto, cheguei no dia 27 de janeiro; então, só precisei pagar passagem avulsa durante quatro dias. No mês de fevereiro, já comprei – por cerca de 100 dólares canadenses – o passe que dava direito a usar *subway*, ônibus e *streetcar* ilimitadamente. Assim que saíamos das aulas, eu e o pessoal da escola íamos de um lugar para o outro até as pernas não agüentarem mais, sem a preocupação de quanto gastaríamos com passagens. Isso é muito importante, principalmente no inverno, quando não dá para percorrer longas distâncias a pé.

Em todas as semanas, há aulas começando nas escolas de línguas, e, por isso, há sempre gente chegando. Na minha turma, houve gente que chegou no dia 10 e teve de pagar, em média, 2 dólares canadenses por cada passagem. No final do mês, faz toda a diferença.

Esses são exemplos de detalhes que fazem o sucesso de uma viagem. Até mesmo quando não estamos falando de intercâmbio, os detalhes são essenciais, não é mesmo?

Faça as contas e pense bem sobre o dia do seu embarque. Essa é mais uma tarefa para colocar na sua lista de pesquisas: saber como funciona o transporte público do país e da cidade para onde pretende ir. Saiba se vendem passes mensais, quanto custam, procure mapa do *subway* na internet, vire-se!

O item transporte público é importante, pois, em algumas cidades, o serviço é ruim, e você fica limitado, o que é um ponto negativo, quer você esteja fazendo curso técnico de culinária, quer mestrado.

Quem vai para o *high school* não precisa se preocupar muito com isso, porque é necessário embarcar em datas específicas, de acordo com o início das aulas. Além do mais, a escola pode ser perto da casa e é possível ir caminhando. Ou, quem sabe, você terá um irmão mais velho que vai lhe dar carona todos os dias!

Vale a pena estar informado. Afinal, a não ser que você pretenda comprar ou alugar um carro para toda a sua estadia no exterior, você será usuário de ônibus, trem e todo tipo de transporte que estiver à sua disposição.

Seguro saúde

Nunca, em tempo algum, viaje sem. É muito importante! Não duvide disso. Algumas agências nem permitem que o intercambista viaje sem seguro saúde, e alguns países não permitem nem que turistas entrem sem essa garantia de assistência médica.

Em alguns tipos de intercâmbio, como para cursar *high school*, o seguro é condição básica para se viajar! Não se pode nem pensar em embarcar sem ele. Mas, para algumas pessoas, principalmente para quem vai sem o respaldo de uma agência, o seguro, por vezes, fica em segundo plano, o que é um grande erro. Os que têm cabeça e contratam um seguro estão fazendo a coisa certa, mas eis uma dúvida muito comum: Qual seguro comprar? O mais caro? O mais barato? Afinal, a gente viaja rezando para que não precise utilizar esse serviço, não é mesmo? Vamos falar mais sobre isso, mas antes gostaria de contar uma história.

Minha amiga Lorena, do Recife, tinha 38 anos quando fez intercâmbio. Já era *expert* em América do Sul, mas nunca tinha viajado para países em que o idioma era o inglês. Na verdade, ela não falava nem o famoso "*the book is on the table*". Por medo e inexperiência, comprou tudo com uma única agência, sem pesquisar, e exatamente da forma que foi sugerida pela agente. Da passagem ao seguro saúde. Não questionou nada, em momento algum, porque nos últimos cinco anos vinha utilizando os serviços dessa mesma agência e estava satisfeita.

Achou que esse critério de seleção bastava. Acabou pagando mais caro em tudo.

A agente lhe oferecia o mais caro, o *top*, e Lorena comprava. Ela dizia que parecia estar num daqueles programas de TV em que a pessoa não pode ouvir nada e alguém lhe faz as perguntas mais absurdas:

> *A mulher me perguntava: quer comprar essa barca furada por 20 mil reais? E eu dizia: sim! E assim foi com tudo. Comprei um plano de saúde por seis meses, quando iria ficar três. Paguei mais do que seria necessário e justo.*

Lorena não é a única. Rafaela e Ângela, de Salvador, resolveram fazer intercâmbio de seis meses juntas. Elas se entregaram de corpo e alma a uma agência, que prontamente se colocou à disposição para fazer tudo por elas. E assim foi. Quando as conheci, em Vancouver, a mãe delas estava pagando, no Brasil, um boleto mensal referente ao seguro saúde no valor de 200 dólares. Eu havia pago, por três meses, 89 dólares. Aí você pode dizer que, com certeza, o meu seguro era do tipo "o barato que sai caro". Mas não era. Optei por ele não porque era o mais barato, mas porque pesquisei muito. Ia às agências e pedia informações sobre todas as opções que elas tinham e não ficava só com as que me indicavam. Foi assim que optei pelo meu seguro saúde e fiquei satisfeita. Quando precisei de um médico, não só me indicaram vários próximos à minha *homestay*, como me ofereceram uma visita domiciliar para que eu não precisasse ir até o consultório.

Não estou sugerindo, de forma alguma, que se busque sempre o mais barato, mas, como já disse, intercâmbio tem muitos encantos, expectativas e medos. Aliás, o medo é o maior vendedor de seguros. Pense nisso: nem sempre o mais caro é sinônimo de melhor.

Pesquise o máximo que puder, para contratar um serviço com segurança, minimizar as decepções, mas não pagar mais do que o necessário.

Independentemente da sua escolha, nunca fique sem seguro. Uma amiga, de Belo Horizonte, foi para Nova York com a intenção de ficar um ano. Como tinha uma tia que morava lá, não procurou agência, e muito menos seguro saúde, apesar de alguns amigos que já tinham feito intercâmbio a aconselharem a contratar o serviço. Mas ela achou que não havia necessidade. Com a tia morando lá, seria tudo muito tranqüilo.

A mineirinha saiu do Brasil num calor de 40 graus e desembarcou em Manhattan com um frio de 5 graus negativos. A primeira semana foi ótima, só descobertas. Mas a segunda foi no hospital. Ela tinha bronquite, e seu corpo não gostou nada da mudança de temperatura. Depois de uma semana internada, ela teve de voltar às pressas, porque sua tia já não tinha mais como pagar as diárias do hospital, e nem seus pais tinham como bancá-la, pois ganhavam em real e os honorários dos médicos e hospital eram em dólar. Na época, 3 para 1.

Na *homestay* que fiquei em Toronto, minha *host-mother* nos contou, em um dos jantares regados a pêlos de cachorro e gato, do caso de um executivo indiano de 50 anos que ficou em sua casa. Ele não fez um bom vôo e, assim que chegou, foi para a cama descansar, não estava se sentindo muito bem. Dois dias depois foi para o hospital e descobriu que estava com trombose. Foi internado, e a sorte é que tinha o seguro saúde.

Em minhas viagens de intercâmbio ou não, conheci muita gente que não tinha seguro saúde e estava contando com a sorte. Algumas realmente tiveram sorte, que bom! Mas outras viram o sonho ir por água abaixo, como a minha amiga de Belo Horizonte, que havia juntado suas economias por quase quatro anos para realizar seu sonho de estudar um ano fora. Ela sempre falava do sentimento de fracasso e arrependimento, por ter tido que voltar pelo simples fato de não ter contratado um serviço de saúde. Dizia que era um sonho indo embora por causa de uma economia tão pequena. Lembro de haver ido visitá-la, já no Brasil, e ela chorar sem acreditar que aquilo estava acontecendo. Só me restava dizer: *É porque não era para ser...* Será?

Quer minha dica? Tenha sempre seu seguro saúde em mãos! Pense que quando ficamos doentes em nosso país, ficamos sensíveis e querendo um colo. Imagine isso acontecendo em um país estranho, com pessoas que acabou de conhecer, e sem ter pronto atendimento! É péssimo, posso lhe garantir. Não dê sopa para o azar, coloque o seguro saúde como uma de suas prioridades.

Passagens

Você já pesquisou agências, programas, transporte público, pegou informações e está quase decidido sobre o local em que quer fazer seu intercâmbio? Então é hora de procurar a passagem. É importante que você pesquise os preços o quanto antes, pois a diferença de preços das passagens pode variar bastante de um país para o outro, e em determinadas épocas do ano.

Para achar boas oportunidades, é bom pesquisar entre duas e três agências de viagens. Por quê? Porque, acredite ou não, os preços das passagens podem variar, e muito. Alguns agentes procuram mais e acham algumas tarifas que fazem você economizar um pouco para ter mais para gastar durante sua viagem. E isso é bastante importante, também, para quem vai fazer *high school*. Você não precisa fazer e comprar tudo com a agência que está contratando.

Se a sua agência de intercâmbio também oferece passagem, e você está apaixonado por seus serviços, tudo bem. Mas, mesmo assim, vá a outras agências de viagens e compare os preços. Achou algo mais barato? Volte com o orçamento do concorrente. Quem sabe sua agência consegue baixar a tarifa para o preço que você achou? Achou preços mais caros? Ótimo! Compre feliz e tranqüilo a passagem com sua agência. Faça isso nem que seja para saber que está pagando um preço justo e compre com a certeza de que está fazendo um bom negócio.

Informe-se sobre a *tarifa de estudante*. Se estiver indo estudar, seja por um mês ou por um ano, você pode comprar passagem com o preço bem melhor que o de mercado. As regras para se utilizar esse tipo de passagem variam, mas geralmente há a vantagem de poder trocar a data da sua ida e volta quantas vezes quiser, sem precisar pagar taxas para isso. Informe-se com um agente de viagens sobre as vantagens e desvantagens, mas saiba que é preciso buscar esse tipo de serviço com bastante antecedência.

Se você não conseguir a passagem de estudante, seja pela idade ou pela proximidade de sua viagem, busque empresas que lhe ofereçam vantagens como milhagens. Uma viagem para o exterior é uma ótima fonte de milhas. Verifique também se sua passagem dá direito a um *stop*. Quando voltei do Canadá, parei em Nova York e fiquei 28 dias sem ter de pagar nada a mais por isso.

Minha amiga Lorena, a do Recife, viajou inicialmente para ficar três meses em Toronto, mas com a idéia de ficar mais três, caso gostasse do país. A agente disse que ela poderia trocar sua data de retorno sem custos, pois a tarifa permitia. A única ressalva é que a troca devia ser feita no período máximo de seis meses, a contar da data da emissão do bilhete.

Passados quase três meses, Lorena gostou do país e decidiu trocar a data do retorno. Conforme instruções da empresa aérea, a troca teria de ser feita no aeroporto. Mas qual não foi sua surpresa ao chegar lá e descobrir que, para trocar a data da volta, teria de pagar 200 dólares. Eu estava com ela e servi de tradutora, pois Lorena demorava dez minutos para formular uma frase. Mas não teve jeito. A atendente foi enfática ao dizer que a tarifa paga por ela não permitia troca sem custos. Teria de pagar e ponto. Fomos ao telefone público, Lorena ligou para a agência no Brasil, e foi quando começou o jogo de empurra-empurra. Eles inventaram tantas desculpas e problemas que, para evitar maiores aborrecimentos, ela pagou a taxa de remarcação e deixou para tentar recuperar o dinheiro quando retornasse ao Brasil.

Contei o caso da Lorena para mostrar que, até na hora de comprar a passagem, você deve estar atento. Eu nunca tive problemas para trocar minhas passagens. No segundo intercâmbio, entrei numa crise de querer vir embora. Cada dia acordava com um humor, e, num único mês, troquei minha passagem seis vezes, mas não paguei nada a mais por isso.

Procure a melhor passagem para você, e não se sinta pressionado a comprar com as agências de turismo indicadas por sua agência de intercâmbio. Busque a passagem que melhor lhe atenda, e pesquise preços e vantagens. Não é crime nem vergonha, é seu direito. As diferenças entre as agências podem ser grandes, pois algumas trabalham com empresas aéreas mais baratas e outras não. Quando comprei minha passagem para Paris, recebi orçamentos com 500 reais de diferença. E a tarifa mais barata ainda me dava a vantagem de dividir em seis vezes sem juros, benefício que a mais cara não me concedia.

Se você é vegetariano ou precisa de uma comida diferenciada, não se esqueça de mencionar isso quando comprar sua passagem ou uns dias antes de viajar. Também preste atenção na hora de marcar seu assento; nada pior do que ir bem em cima da asa... Parece bobeira para alguns, mas quando vi Toronto lá de cima pela primeira vez, toda branquinha, cheia de neve... Inexplicável! Hoje em dia prefiro viajar no corredor, porque você não precisa ficar pedindo para a pessoa ao seu lado levantar quando precisa ir ao banheiro; mas se você está viajando pela primeira vez, lute por um bom assento! A primeira vez a gente nunca esquece!

Faça suas cotações e veja qual oferece as melhores vantagens, e a que se enquadra no que você precisa no momento. Às vezes, vale a pena pagar um pouco mais para receber milhas, ou para ter direito a mudar suas datas quantas vezes quiser. Pesquise e faça sua escolha. Só você sabe o que é melhor!

O que levar na mala

Sei que a mala é um item pessoal, e que cada um tem objetos sem os quais não sabe viver. Mas aceite sugestões. Não acredito em receitas de bolo para montar uma mala do tipo *leve dois pares de meia, duas camisas,* e por aí vai. Mas acho que algumas dicas podem ajudar.

A primeira dica é fazer uso do bom senso. Nada de levar o guarda-roupa inteiro. Optar por roupas de cores básicas e neutras, que combinem entre si, é dica para qualquer tipo de viagem e serve para o intercambista também.

Se você está indo para o período do inverno, logo pensa em casacos e roupas bem pesadas. E é isso mesmo. Leve-os. Mas não esqueça de algumas peças básicas como chinelo, bermuda, e até mesmo biquíni ou short de praia. Se for para um local quente, ou se for curtir o verão, arranje um espacinho para um bom casaco e meias. Você pode se assustar com minhas sugestões, mas acredite, são muito válidas. Em duas oportunidades, eu me arrependi de não ter levado tais itens. Uma foi numa excursão entre Quebec, Montreal e Ottawa. Quando fechei o pacote, a atendente me deu uma folha com a sugestão de itens a serem levados. Um deles era roupa de banho. Dei um sorriso e achei que ela tivesse feito confusão, afinal, era janeiro.

Os termômetros marcavam 10, 15 graus centígrados abaixo de zero! Nevava! Como alguém iria usar roupa de banho? Mas, quando chegamos ao hotel, em Quebec, entendi o motivo da sugestão. Algumas pessoas, mais precavidas, aproveitavam uma piscina de água aquecida maravilhosa, enquanto viam a neve cair por uma janela de vidro enorme. Consolei-me pensando que mesmo que tivesse perguntado à atendente porque sugeriu levarmos roupa de banho, ficaria apenas na vontade, pois não tinha levado nenhuma aqui do Brasil e nem tinha tempo para comprar por lá.

A outra ocasião foi exatamente o contrário. Fui para o verão de Vancouver e, claro, não levei casaco de inverno, apenas umas duas blusinhas de lã fina. Não precisei delas, afinal, todos os dias eram lindos e ensolarados. Mas decidi comprar um pacote de quatro dias para as *Rocky Mountains*. E lá estava a recomendação para me surpreender novamente: "Leve roupa de frio, luvas e tudo o que possa aquecê-lo". Tive de pegar emprestado. À noite, fazia um frio de ter de tomar chocolate quente para me aquecer. Além do mais, fomos às geleiras que não davam sossego para quem não estivesse bem agasalhado.

Vou dar mais um exemplo da minha amiga Lorena. Ela embarcou para Toronto em setembro, e a recomendação da atendente foi que ela levasse apenas roupas para o frio. E ainda frisou: *muito frio!* Muitas pessoas que nunca foram ao Canadá pensam que lá o frio dura o ano todo, e parecia ser o caso dessa atendente. Lorena, que não entendia nada de Canadá, atendeu às suas recomendações, não pesquisou nada, não ouviu outras pessoas que já tinham passado pela experiência, e teve uma surpresa:

Quando pensava em Canadá, pensava em um lugar quase tão frio quanto o Alasca. Já levei na mão um casaco de esquimó. Mas quando desci do avião, não entendi nada. Estava um calor brasileiro, e as pessoas estavam de bermuda e chinelos. Por recomendação da agente, não levei nenhum sapato aberto. Bermuda, então, nem se fala! Tive de comprar algumas peças por lá, senão iria morrer de calor. Minha sorte é que encontrei ótimos brechós que me salvaram de gastar mais do que eu gostaria.

Além das roupas, dê uma atenção especial aos medicamentos. Coloque em sua mala o que está acostumado a usar. Você pode não encontrar similares no país de destino, ou ter dificuldades para comprar. O sistema de venda de remédios em alguns países é mais rigoroso que o brasileiro. Se seu intercâmbio for de longa duração, informe-se com seu médico e com sua agência sobre a necessidade de levar receita médica daqui do Brasil.

Leve em sua mala tudo o que for importante para você, mas prefira sempre roupas básicas que combinem umas com as outras, que sejam fáceis de lavar e secar, e que não precisem ser passadas. Quando estamos em um intercâmbio, não sentimos nenhuma necessidade de "fazer um desfile de modas" ao sair de casa. Eu usei apenas três calças *jeans* durante seis meses, mas tinha levado umas dez. Nunca faria isso aqui no Brasil, em que cada dia uso uma roupa diferente. Mas lá, as máquinas encolhiam algumas roupas, que estragavam, e, às vezes, tinha de fazer *loundry* na rua e sair na neve. Ficava com dó das minhas roupas de que mais gostava, e uma preguiça enorme de sair naquele frio. Passar roupa, então, nem pensar! Liberte-se! Vá curtir seu intercâmbio, os estudos e os novos amigos.

Tente fazer sua bagagem a mais "enxuta" possível. O exagero de roupas e sapatos na ida pode ser a despesa com a bagagem extra na volta. A maioria dos intercambistas volta trazendo muito mais do que levou. É difícil resistir às compras.

Nem sempre o que é moda aqui é legal por lá. Na época do meu terceiro intercâmbio, a moda por aqui eram faixas para ser amarradas em vestido e blusas. Claro que levei aos montes. Umas seis no mínimo. Andando pelas ruas, logo nos primeiros dias, vi que nem uma única criatura utilizava aquelas belezinhas. Assim mesmo eu usei algumas, mas lá elas pareciam apenas pedaços de pano.

Roupas de marca são outro erro. Seja no Japão ou nos EUA, são apenas mais uma marca, a não ser que estejamos falando de um terninho Channel! Falando em terninho e roupas clássicas, não esqueça de colocar uma em sua mala. Principalmente no caso de você ficar um longo período em sua *homestay*. Seus pais podem convidá-lo para ir ao casamento de alguém da família ou a um aniversário. No caso dos executivos que estão embarcando no intercâmbio, ou quem esteja indo participar de programas em que se estuda e estagia, um terno é indispensável, seja para homens ou mulheres. Quem sabe você é convidado para a festa da empresa?

Para o pessoal do *high school*, se puder, deixe para comprar a roupa da sua formatura por lá; assim, dá tempo de você sentir qual o melhor *look* para a ocasião.

Vale a pena levar CDs com músicas brasileiras? Muitas pessoas me perguntam isso. Eu não levei. Não gostaria de ficar ouvindo música do meu país. Queria estar completamente inserida na cultura local. Ouvir o que as pessoas ouvem, ver os programas do dia-a-dia, e ler o que todos estão lendo. Porém, uma única vez, senti falta de um CD. Um amigo árabe estava me mostrando algumas músicas de seu país e me pediu para mostrar algumas do Brasil. Eu não tinha nada!

Minha *roommate* havia levado vários CDs de axé music. Foi o que pude oferecer ao árabe. Ele ficou encantado. Pedia para repetir as músicas sem parar, e, por fim, já estava cantando o refrão de umas músicas da Ivete Sangalo e do Babado Novo! No fim do intercâmbio, demos a ele os dois CDs de presente. Ele ficou muito feliz, e eu, um pouco triste. Queria ter mais músicas para mostrar a ele. Adoro axé, mas também queria mostrar MPB ou samba, por exemplo.

No meu primeiro intercâmbio, minha agente disse: "*Não leve fotos, porque, se eles resolverem revistar você, vão achar que está indo para ficar*". Fiquei meio apavorada e não levei uma única foto da minha família. Loucura! Não sei por que ela disse aquilo, mas minha dica é que você leve sim. Quando bate a saudade, é bom ter o rostinho de quem amamos logo ali na frente. Mas também não leve um álbum, né? Por mais longo que seja, é só um intercâmbio.

Algumas pessoas têm dúvida se levam alguns itens de higiene pessoal, como sabonete, shampoo e creme de barbear. Se vai para um intercâmbio de um mês, ok. Pode até levar seus produtos preferidos para não ter de perder tempo procurando similares. Porém, se seu intercâmbio tem período maior, leve apenas o necessário para sobreviver umas duas semanas, e depois devore os produtos vendidos no país.

Aproveite para experimentar todas as novidades, desde pasta de dentes a creme de cabelo. Além do mais, alguns produtos são bem mais baratos lá que aqui. Se você usa lentes de contato, como eu, leve apenas um pote pequeno do produto para limpá-la. Em países como os EUA, Canadá e Alemanha, você paga quase a metade do preço.

No caso das mulheres, vale a pena se perder naquela imensidão de marcas de produtos de beleza. São de enlouquecer!

E o peso? Tudo bem, mesmo depois de todos os meus conselhos, sua mala está com mais coisa que seu guarda-roupa. Seus pais estão fazendo você levar a casa, com medo de você precisar de algo... Entendo. Então vai uma última dica: certifique-se com sua companhia aérea do peso permitido para cada mala, inclusive a de mão. E fique atento, também, no caso de conexões no exterior.

Indo para Vancouver, eu comprei uma passagem na qual faria todo o percurso por uma única companhia. Tivemos alguns problemas de embarque, e todos os passageiros do vôo foram remanejados para outra empresa. Até aí, tudo bem. Mas, chegando aos EUA, tive de retirar minhas malas. Em vez de fazer conexão em Los Angeles, fui parar em Nova York. Lá, todos tiveram de se virar e achar as empresas para seus destinos. Cada um por si. Foi uma luta. Eu estava sozinha, com três malas, empurrando carrinho e indo de um terminal para o outro para achar uma empresa asiática da qual eu nunca tinha ouvido falar. Quando, por fim, encontrei, vim a saber que o peso permitido por eles para cada mala era diferente do Brasil, e por pouco, coisa de gramas, não tive de pagar excesso.

Preste atenção às roupas de dormir, por favor. Você vai estar num país estrangeiro, com pessoas desconhecidas. Por mais que você tenha um corpo *violão* aos 50 anos, ou músculos de dar inveja ao Rambo, na *homestay* não é o melhor local para mostrar seu corpo sarado. Nada de camisolas de cetim insinuantes curtas ou pijamas justinhos, mesmo que aos 16 anos você se ache a garotinha do papai. Leve peças que façam você ficar confortável, e todas as pessoas ao seu redor também. Se for durante o período de inverno, leve um pijama de manga comprida e calça, mas um de manga curta e short também, pois as casas têm calefação que mantêm a temperatura bem agradável.

Não se esqueça de verificar o que pode ou não constar na sua mala ao entrar no país de destino. Alguns não permitem bebida alcoólica, comida, etc. Fique atento também aos objetos eletrônicos, e verifique a necessidade de declará-los antes de embarcar. No último intercâmbio, levei meu *notebook* e declarei na Polícia Federal, no próprio aeroporto. É bem simples, e você não terá problemas na hora de voltar.

Na bagagem de mão, só o necessário, como produtos de higiene pessoal, um bom livro, passaporte e documentos que provem seus objetivos no país, caso lhe peçam na imigração. Leve também umas duas mudas de roupa, para o caso de sua mala ser extraviada. Se der, leve também um pouco de dinheiro trocado para as primeiras despesas. Em alguns aeroportos, por exemplo, o carrinho para colocar a bagagem é pago; você deposita um moeda em uma máquina que o libera.

Acho que já dá para você se organizar, não é mesmo? Quando estiver montando sua mala, junte todas as dicas de quem já foi, as dicas da agência, e as minhas. Imagine-se no país de destino, nas viagens, no tipo de curso que está indo fazer, no seu dia-a-dia, e acabe logo com isso! Sempre vai ficar algo que você gostaria de levar.

Como levar dinheiro

Essa era uma grande dúvida que eu tinha, e acredito que muitos intercambistas também ficam sem saber como proceder. Quando fiz o primeiro intercâmbio, ouvi vários conselhos. Cada pessoa havia achado sua maneira para levar dinheiro, que considerava bastante segura. Até uma bolsinha para colocar o dinheiro dentro da calça *jeans* eu ganhei. E usei. Mas não faria isso atualmente. É desconfortável e tenso. Toda vez que você vai ao banheiro, sua fortuna está ali numa frágil bolsinha.

As três maneiras mais comuns de levar dinheiro em seu intercâmbio são:

- Cheques de viagem (*travel check*)
- Dinheiro em espécie
- Cartão de crédito

Como funciona o *travel check*? Você leva o dinheiro ao banco, em reais, e recebe cheques na moeda do país de destino. A dica aqui é fazer uma pesquisa pelos bancos. Alguns oferecem vantagens e câmbio mais baixo para correntistas. Pergunte no setor de câmbio da sua agência.

Na compra do *travel check*, você pode escolher cheques de vários valores, como, por exemplo, levar 500 dólares em três cheques de 100 dólares, dois de 50 dólares e o resto em cheques de 20 dólares. Chegando ao seu destino, você pode ir ao banco e trocá-los por dinheiro local. Outra alternativa é utilizá-los em lojas que os aceitem. Nem todas recebem o pagamento dessa forma. Geralmente, é mais fácil nas mais estruturadas, como as grandes redes. Essa, aliás, é uma desvantagem do cheque de viagem. Nem todo lugar os aceita. Por isso, ele é indicado para que você leve valores maiores em intercâmbios de longa duração. Conforme for precisando de mais *cash*, você vai ao banco e troca.

A grande vantagem dos cheques de viagem é que eles são numerados, e se, por acaso, você for roubado ou perdê-los, pode ligar para uma central, na qual o cheque é sustado e você não perde seu dinheiro.

O cartão de crédito também é uma boa alternativa, mas, algumas vezes, cobram taxas que, depois, você não tem noção de onde vieram. Em compensação, é muito prático, principalmente para jovens que estão fazendo *high school*. Gastam o que precisam usando os cartões, que são aceitos na maior parte do planeta, e os pais vão pagando as faturas aqui no Brasil. Além do mais, se perdê-los, é só bloqueá-los. Outra vantagem é que não é preciso se preocupar com os cheques ou com dinheiro, só com um prático cartão que pode ser levado a qualquer lugar.

Por falar em prático, o cartão é o dinheiro de plástico. Exatamente por sua praticidade, você não vê o dinheiro indo embora. Se você não é mais adolescente e não tem um pai que vai honrar com sua fatura por aqui, é melhor estar bem atento, pois, às vezes, perdemos o rumo e compramos muito mais do que realmente podemos pagar.

O dinheiro em espécie é a forma mais fácil e barata de levar dinheiro em sua viagem. Com ele, você faz compras e pronto! Não tem de pagar taxas adicionais, ir a banco, nem nada. O problema é a falta de segurança. Imagine se você for ficar durante três meses fora do país?! Como vai levar dinheiro para todo esse período? Vai ficar com a preocupação o dia inteiro na cabeça. Você até pode arriscar, mas não aconselho.

Outra alternativa, em alguns países, é ir ao caixa eletrônico de um banco, como qualquer correntista, e tirar dinheiro da sua própria conta no Brasil. Você paga uma taxa pela transação, mas é mais uma alternativa.

Esta é uma parte difícil da viagem: decidir como levar o dinheiro. O ideal é que você mescle. Um pouco em cheques de viagem, um outro tanto em dinheiro, e, ainda, o cartão de crédito. Escolha a alternativa que melhor lhe convier, e não se esqueça de levar dinheiro trocado para suas despesas iniciais.

Procure seu banco e informe-se antes de viajar. Todos os dias surgem novas alternativas para facilitar sua vida.

Quanto levar? Essa é uma pergunta difícil de responder, porque depende muito do tipo de intercâmbio que vai fazer. Se for *au pair*, por exemplo, você vai receber um salário semanal que cobre suas despesas, além de ter casa, comida e roupa lavada; então, tem de levar um dinheiro de reserva mesmo.

Tudo depende de seus objetivos. Vai querer viajar ao redor da cidade? Vai para outros países? Pense bem nas suas possibilidades e viaje com o suficiente para não trazer muitas dívidas na bagagem!

Capítulo 5

Tipos de intercâmbio

Existem inúmeros tipos de intercâmbio e, com certeza, você vai encontrar um que atenda às suas necessidades e possibilidades. Você pode só estudar, trabalhar e estudar, estudar e passear, fazer um curso na sua área, pós-graduação, doutorado, entre outras inúmeras opções. Aqui registro os principais e mais comuns tipos existentes no mercado atualmente.

Escolher o intercâmbio certo não é como um jogo, em que você arrisca suas fichas no escuro. Deixe as emoções inesperadas para quando você estiver no país estrangeiro e não for possível controlar os acontecimentos. Enquanto estiver escolhendo de que tipo de intercâmbio irá participar, leve em conta seus desejos, suas expectativas, seu dinheiro, seu tempo disponível e, principalmente, seus objetivos. Não compre o mais barato só porque vai lhe permitir ficar mais tempo. Essa escolha pode sair mais caro ainda.

Recentemente, uma amiga me contou que sua prima estava nos EUA como *au pair* de duas meninas africanas. Os pais eram imigrantes, só que as meninas eram pequenas e não iam para a escola. Ou seja: ela ficava o dia inteiro com as duas crianças. Estava a ponto de enlouquecer, e nem queria tentar mudar de família. Decidiu pagar a multa por rescindir o contrato e voltou correndo para o Brasil. Perdeu dinheiro e tempo.

A capixaba Etiele escolheu o *work experience* por causa do preço, e foi para um cassino. Voltou um mês depois. Não agüentou ter de fazer as camas dos hóspedes todos os dias e, além do mais, achou que fosse praticar mais o inglês.

Existem certas situações desagradáveis com as quais você tem de lidar quando faz um intercâmbio, mas algumas podem ser insuportáveis. Não é porque seu amigo se deu muito bem em um tipo de programa que você também será feliz fazendo a mesma escolha. Quando fiz intercâmbio pela primeira vez, achei que o importante era ir e não importava como. Pensava que em um mês meu inglês teria um *upgrade,* que seria uma espécie de milagre!

Outro erro foi achar que sairia na rua e praticaria o tempo todo. Ledo engano. Brasileiro gosta de falar muito e de puxar assunto. Mas isso é uma característica nossa, e não de todos os povos. No Brasil, se dizemos bom dia, já somos amigos. Na maioria dos países da Europa, nos EUA, etc, bom dia é só bom dia e ponto final. Não significa o começo de uma amizade.

Sugiro que reflita sobre as questões abaixo, antes de escolher seu programa:

- O mais importante: qual o seu objetivo com o intercâmbio
- Quanto dinheiro disponível você tem
- Que tipo de situações você está disposto a passar
- Quanto tempo você tem disponível
- Quais são os seus desejos e expectativas

Acredito que o objetivo seja o ponto mais importante a ser considerado, porque já vi muitos brasileiros perderem o foco. Alguns decidem ficar mais tempo, parar de estudar, entre outras escolhas que acabam prejudicando-os.

Lembre-se sempre do que o levou àquele intercâmbio. Se seu objetivo é se candidatar a um programa de *trainee* quando voltar ao Brasil, é interessante que você faça um curso com estágio, curso técnico ou, ao menos, um *workshop*. Se você só quer praticar a língua e curtir a viagem, escolha um programa só de estudo do idioma. O importante é fazer o tipo de intercâmbio que tenha relação com o que você vai usar quando a viagem acabar e você voltar para a "vida real".

Seja qual for o programa escolhido por você, não se esqueça de aproveitar ao máximo tudo o que puder. Equilibre diversão e estudos, fique atento às oportunidades e aproveite!

High school

Esse talvez seja o mais conhecido dos intercâmbios e que, por muitos anos, foi sinônimo de famílias com alto poder aquisitivo. Pobres mortais nem sonhavam com isso. Hoje, porém, essa possibilidade já sorri para muitas famílias de todas as classes.

Fazer o colegial no exterior é uma aposta de risco. Vale muito para o jovem crescer como ser humano, pois, longe dos pais, todos nós deixamos de ser um pouco mimados, mesmo que já não sejamos mais adolescentes.

Uma grande desvantagem do *high school* é que, da mesma forma que o jovem pode crescer e amadurecer, ele também pode adquirir hábitos desagradáveis:

> *Meu filho sempre quis estudar na Alemanha, não sei por que. Não tínhamos condição de mantê-lo lá por um ano. Determinado, ele entrou num concurso e conseguiu uma bolsa. Pagávamos apenas as despesas pessoais. Ele voltou*

muito mais maduro, apesar de estar apenas com 17 anos, mas em compensação tinha virado um fumante. Aquilo acabou comigo e com a mãe dele. Conversamos bastante, alertamos sobre o mal que estava fazendo à sua saúde, e deixamos na mão de Deus. No início, achei que tínhamos errado em ter deixado ele viajar para tão longe aos 16 anos. Mas depois, chegamos à conclusão de que ele poderia ter começado a fumar aqui mesmo, debaixo do nosso nariz. Por sorte, depois de uns meses, ele largou esse vício.

Marcos, 54 anos, pai de três filhos

Esse é um tipo de intercâmbio bastante delicado, e que sofre resistência de muitos pais que têm medo de mandar o filho para outro país, para viver com uma família a respeito da qual pouco sabem. A agência diz que há uma seleção, e que as famílias são confiáveis, e isso é verdade, mas é uma decisão difícil para quem tem um adolescente em casa. A maioria dos pais acha que os filhos não vão conseguir se defender e se virar sozinhos. Contudo, na maior parte dos casos, os pais são surpreendidos pela independência de seus bebês.

Foi o que relatou Angélica. Sua filha Amanda, de 16 anos, do dia para a noite resolveu fazer *high school*. Depois de muita conversa, os pais concordaram, mesmo achando que a filha não iria agüentar a distância, pois era muito apegada a eles. Mas Amanda surpreendeu-os. Em seu primeiro mês em Boston, estava completamente familiarizada com o local, com as pessoas e com a escola. Já os pais não paravam de chorar a perda temporária da filha:

Não imaginávamos que ela pudesse se virar tão bem. Isso me deu uma sensação horrível, afinal só temos duas filhas. Fico pensando que, quando voltar, nem vai querer mais morar com a gente.

Angélica

Casos como o de Amanda acontecem a todo o momento, porque, além de adquirir vivência internacional, o jovem tem de se virar para fazer novos amigos, conhecer profundamente outra cultura e – o principal – aprender a ser independente e autoconfiante.

O *high school* talvez seja o tipo de intercâmbio que exija mais cuidado, cautela e preparação antes de embarcar. Para que tudo saia bem, é preciso estar ciente das dificuldades do idioma, mesmo que você ache que seu filho fala fluentemente a língua.

Hoje em dia, é comum muitos pais afirmarem, com orgulho, que os filhos falam inglês fluentemente e que aprenderam sozinhos. Os meninos falam meia dúzia de palavras e entendem apenas o que aparece em seus jogos de *videogame* preferidos, ou palavras avulsas da internet. Quando se deparam com a obrigação de falar o inglês de verdade, ficam perdidos.

Outro fator que deve ser conhecido bem a fundo são os costumes locais. Mesmo que seu filho já tenha viajado para o exterior várias vezes, é preciso que ele conheça as regras e os costumes da cidade em que vai morar por um ano. E mais, é essencial que os respeite. Além disso, ele deve estar ciente de que as regras da *homestay* são as novas regras da casa. Não adianta querer fazer lá o que ele faz por aqui.

Se tudo for planejado com antecedência e cuidado, o *high school* só traz benefícios para o jovem. E, sem dúvida, é um marco em sua vida. É como uma passagem da adolescência para a juventude.

Tenho um primo que era muito estranho. Hoje ele já tem 27 anos e é médico, mas quando éramos crianças ele era muito tímido e só ficava dentro de casa. Quando fez 17 anos, meus tios o mandaram para fazer colegial nos EUA. Depois de um ano, recebemos outra pessoa. Fiquei pasmo ao perceber as mudanças. Ele tinha se soltado, estava mais confiante, e o mais impressionante: tinha se tornado uma pessoa simpática e falante.

Júnior, 32 anos

Realmente, é impossível uma pessoa não voltar diferente de qualquer tipo de intercâmbio, mas nesse, em especial, o jovem se vê em outro país, freqüentando uma escola como se fosse um residente local, e vivendo com uma família completamente estranha. Não tem jeito. Ele tem de deixar a timidez de lado, abrir a cabeça, ser flexível e enfrentar o novo mundo que o cerca.

Cada agência tem suas regras e seus tipos de intercâmbio, mas, no geral, você pode escolher entre estudar em escola pública ou privada. Se você não está com dinheiro sobrando, a escola pública é a melhor opção. Economize o dinheiro para seu filho fazer outras atividades, como viajar pelo país ou algum curso que ele deseje.

Em relação à *homestay*, faça contato e tire todas as suas dúvidas antes do embarque. Apesar de ser selecionada pela escola, é importante que você tenha o contato inicial, para se certificar de que há afinidade.

Nunca se esqueça de que seu filho será o novo membro da família e, por isso, além de ser recebido com carinho, também terá de participar das obrigações da casa. Se a bonequinha do papai ou o mocinho da mamãe não lavam louça porque pode estragar suas lindas mãos, ou porque há empregada, melhor que já comecem a fazer um estágio intensivo com a própria.

Além da *homestay*, algumas agências oferecem outras opções de estadia, como residência estudantil ou internatos. Busque a opção que for mais adequada ao estilo do seu filho e ao seu. Afinal, de nada adianta o adolescente satisfeito com a escolha, e você sem dormir durante um ano, porque não está tranqüilo com o local em que seu filho está hospedado.

Intercâmbio não deve ser algo doloroso para os pais, apesar de sempre dar uma dor no coração saber que alguém que amamos e convivemos diariamente vai ficar um ano longe. Faz parte da vida, o que não dá é para ficar segurando seu filho por insegurança sua. Deixe-o desbravar o mundo!

Características do programa *high school*

Duração: 1 a 2 semestres.

Vantagens: Além do crescimento pessoal do adolescente, a grande vantagem desse programa é que se mostra como uma das poucas oportunidades para o estudante estrangeiro imergir completamente na cultura de outro país, já que ele freqüentará a escola como um estudante local e fará parte da família.

Obrigações: O intercambista terá várias obrigações na nova família. Além do mais, esse é um programa em que o dueto liberdade & responsabilidade tem de estar sempre em harmonia.

Idade: Ter entre 14 e 18 anos. Consulte as regras do país de destino e sua agência.

Exigência: Cada agência e país têm suas próprias exigências. Esteja sempre bem informado e procure a que melhor o atenda.

O que você recebe e a que tem direito: Tudo depende dos serviços e da empresa que você contratar, mas, em geral, o estudante tem direito à escola – pública ou particular –, moradia e refeições. Além disso, a agência contratada é responsável pelo intercambista até seu retorno ao Brasil.

Desvantagem: O adolescente pode se sentir muito independente e adquirir alguns hábitos que não são os mais desejados pelos pais.

Au pair

Se você tem entre 18 e 26 anos de idade, tem algum tipo de experiência ou afinidade com crianças, e quer gastar bem pouco, essa pode ser uma boa opção.

Apesar de mais comum entre as mulheres, algumas agências também aceitam homens, e os requisitos são os mesmos. Já ouvi de uma funcionária de agência uma vez que a intenção é que a pessoa seja como uma irmã mais velha da família, mas, na realidade, você trabalha como babá.

Esse não é um programa para quem quer aprender uma língua estrangeira, e sim para quem deseja adquirir prática como falante do idioma do país em que for fazer esse tipo de intercâmbio. É uma ótima opção para quem quer gastar pouco, fazer cursos técnicos e ainda ganhar dinheiro para as necessidades básicas.

É importante que você pense bem antes de optar pelo *au pair*, já que ficará à disposição de uma ou mais crianças diariamente. Você é responsável pela alimentação, arrumação do quarto, das roupas e tudo o mais que for referente a ela ou a elas. Também é preciso ter carteira de motorista internacional, pois algumas famílias fornecem um carro para que você possa levar os pequenos aos seus compromissos diários.

Esse programa se mostra bastante justo e vantajoso, pois você tem inúmeros deveres e responsabilidades, mas todos os direitos respeitados. Você recebe um salário semanal, que dá para pagar suas despesas pessoais básicas, tem folga um dia na semana e, pelo menos, um fim de semana inteiro por mês. Além disso, seus horários de trabalho são pré-fixados, e a família tem de pagar um curso, que você escolhe, no valor médio de 500 dólares.

Outra grande vantagem do programa de *au pair* é que existem famílias recebendo intercambistas em várias partes do mundo, o que possibilita, por exemplo, ir para a Alemanha ou para a França e ganhar um salário semanal em euros.

Esse programa não serve para quem ainda não tem um nível intermediário da língua. Se você está no nível básico, pratique um pouco mais e deixe o intercâmbio para depois. É preciso, realmente, ter nível intermediário, no mínimo. Algumas agências só aceitam pessoas com domínio avançado do idioma.

No avião, vindo de Nova York para o Brasil, conheci Karina, de 24 anos, que tinha feito o programa de *au pair* na França, no ano anterior. Estava encantada e não se cansava de dizer o quanto estava satisfeita com a experiência. Passou um ano cuidando de duas meninas, uma de 2 anos e outra de 4 anos. Cuidava delas durante o dia e, à noite, fazia um curso de Arquitetura, pois havia trancado a faculdade para fazer o intercâmbio. Apesar de as francesinhas serem extremamente educadas, às vezes ela passava por situações difíceis.

Karina me contou que, uma vez, a irmã mais velha começou a chorar no meio da farmácia e não parava. Estava fazendo pirraça. Mas ela não podia lhe dar um corretivo. Afinal, não eram suas filhas, apesar de cuidar delas o dia inteiro. Para evitar maiores problemas dentro da farmácia, ela comprou um chocolate para cada uma e foi embora. Já Lia, de 22 anos, que foi ser *au pair* nos EUA, teve de trocar de família:

> *Não era nada do que eu imaginava. Durante nossas conversas pela internet, enquanto estávamos nos conhecendo, foi tudo ótimo, mas nas primeiras semanas já vi que não ia dar certo. No segundo mês, já tive certeza e pedi para mudar de família. O combinado é que eu estudaria à noite, só que eles chegavam sempre atrasados e eu perdia as aulas.*

É sempre bom lembrar que você terá de seguir as regras dos pais das crianças e se adaptar. Você estará lá por um ano apenas. Imagine se a cada ano um intercambista quiser impor suas regras! As crianças enlouqueceriam ou cresceriam em crise de identidade. Por isso, pense bem antes de optar por esse programa, que é vantajoso, mas exige muita responsabilidade, maturidade e comprometimento da sua parte.

É essencial avaliar bem antes de se decidir pelo *au pair*. Há muitos intercambistas que ficam enlouquecidos com as crianças. Pergunte-se mil vezes se vai agüentar cuidar de um ou mais "pequeninos" durante um ano. Se lhe for oferecida uma família com três filhos e você achar que não vai dar conta, não superestime suas habilidades e diga que prefere esperar um pouco mais, até que encontrem uma família que se adéqüe melhor à sua capacidade. Afinal, cuidar de crianças é um dom.

É melhor você ser realista antes de embarcar, porque, uma vez lá, tudo fica mais difícil. Seja sincero com a agência, mas principalmente com você.

Outro ponto ao qual você deve estar atento é a ilusão de que certamente irá para uma família natural do país para o qual você está viajando. Não é bem assim. Muitas famílias são formadas por imigrantes, que optam por receber uma babá de fora do país não só porque acreditam no programa, mas também porque custa muito mais barato para eles. Tenha em mente que as famílias que vão recebê-lo não são as da propaganda de pasta de dentes da televisão.

Antes de decidir pelo *au pair*, talvez seja bom se fazer algumas perguntas:

- Vou querer ter responsabilidades com o filho de outras pessoas?
- O que desejo com esse intercâmbio?
- Como pretendo utilizá-lo daqui a um ano quando estiver de volta ao Brasil?
- Por que exatamente estou optando por esse programa e não por outro?

Eu, particularmente, acredito muito nesse programa, mas não o faria, pois não me imagino sendo responsável pelos filhos de outras pessoas. Entende o que quero dizer? Não é minha praia. Não ficaria feliz, pois estaria tensa o tempo inteiro. Mas, se, diferentemente de mim, você acha que esse é o intercâmbio certo para você, vá em frente.

Busque na internet algumas comunidades de bate-papo formadas por pessoas que já foram ou que estão flertando com a possibilidade de serem *au pair*. Essa é uma boa fonte de dicas e troca de experiências. Boa sorte!

Características do programa *au pair*

Duração: Em média 12 meses, mas em alguns países pode ser estendido por mais 12.

Vantagens: A maior vantagem desse programa é o valor, que costuma ser muito mais barato que outros programas com um ano de duração. Outra grande vantagem é que você tem a oportunidade de aperfeiçoar seus conhecimentos em relação ao idioma do país de destino, além de fazer um curso de sua escolha, que pode ser na sua área de formação, por exemplo. Você também não precisa se preocupar com as despesas, pois semanalmente receberá o suficiente para se manter no país.

Obrigações: Cuidar de uma ou mais crianças e de toda rotina relacionada a elas, como suas roupas, banho, tarefas de casa, lazer, comida, levá-las à escola, etc. Algumas vezes, é necessário auxiliar nas tarefas da casa. Tudo depende da agência e do acordo com a família. A carga horária média é de 40 horas semanais.

Idade: Entre 18 e 26 anos de idade.

Exigência: É preciso ser física e psicologicamente saudável, ter experiência para cuidar de crianças (algumas agências exigem 200 horas comprovadas) e o principal: gostar de estar com crianças, pois você tomará conta de uma ou mais diariamente. É preciso ter no mínimo Ensino Médio (segundo grau) completo, falar a língua do país no nível intermediário e carteira de motorista internacional.

O que você recebe e a que tem direito: Na maioria dos programas, funciona da seguinte maneira: você recebe passagem aérea de ida e volta, o visto, se o país de destino exigir, treinamento antes de encontrar a família, acomodações privativas, refeições, seguro saúde, remuneração de em média 150 dólares por semana, bolsa de estudos por volta de 500 dólares, duas semanas de férias remuneradas e 500 dólares ao final do programa.

Desvantagem: Você está assumindo um compromisso com a família e ela com você. Por isso, se você não ficar o tempo estabelecido, pode ter que pagar multa. Em algumas agências, quando você faz o pagamento do programa, paga 500 dólares a mais que ficam guardados até o fim do seu intercâmbio. Se você voltar antes do tempo previsto, você não tem direito a receber este dinheiro de volta. Outra desvantagem, é que é um programa mais voltado para o público feminino.

Vale lembrar que cada agência e cada país têm suas regras, exigências e vantagens. Busque o programa *au pair* que seja mais adequado para você e que atenda às suas necessidades.

Estudar e estagiar

Muitas agências de intercâmbio oferecem a opção de estudar e estagiar. A maioria é sem remuneração, mas vale a pena para quem já tem domínio intermediário da língua do país no qual irá estudar, e já está na faculdade e/ou no mercado de trabalho. É preciso que você fique no mínimo por três meses, porque, no primeiro mês, você só estuda, para aprimorar seus conhecimentos no idioma. Depois, é encaminhado ao estágio.

Existem dois tipos de programas para quem quer estudar e estagiar:

1) Você contrata a escola para colocá-lo em um estágio na sua área.
2) Você contrata a escola para lhe dar apenas uma assessoria de como fazer seu curso e indicar a você algumas empresas dispostas a aceitar um estagiário de outro país.

Mas como escolher a melhor opção? É importante que você conheça suas limitações. Se sabe que não vai ter coragem de bater de porta em porta, pague um pouco mais caro e deixe a busca do estágio por conta da escola.

> *Eu preferi contratar a escola com o estágio. Fiquei com medo de ter de procurar sozinha, e acho que fiz a melhor escolha. Como meu inglês não era dos melhores, só fui para o estágio no terceiro mês, e fiquei lá durante quatro. No início foi difícil, porque me sentia perdida, eram muitos termos técnicos, mas depois de duas semanas eu já estava entrosada.*
>
> *Mariana, 22 anos, estudante de Direito*

> *Acreditava que seria fácil achar o estágio. Na verdade, não foi difícil. No primeiro mês de aula, que é para ter domínio da língua, a escola já foi me ajudando a fazer meu currículo, e eu fazia alguns testes fictícios. No segundo mês, já comecei a fazer contatos, e acabei conseguindo estágio em uma empresa, para onde fui com a cara e a coragem, sem indicação de ninguém. Por isso, acredito que fiz certo. Não precisava contratar a escola para procurar o estágio para mim. Só as dicas já ajudaram.*
>
> *Vítor, 26 anos, produtor*

Quando fiz meu intercâmbio de seis meses, não me contentei apenas com os cursos na minha área e resolvi buscar um estágio. Minha escola de línguas não oferecia esse serviço e decidi buscar por minha conta. Como sou jornalista, peguei alguns jornais de Toronto e fui à luta. Ligava com meu inglês que, ao telefone, se reduzia a nada, pedia para falar com o editor a respeito do qual havia pesquisado previamente, e começava a contar minha história.

Tremia tanto que, quando terminava a ligação, tinha de me sentar de tão cansada. Mas valeu a pena. Depois de um tempo ouvindo muitos "nãos", consegui um estágio. Mas acabei ficando apenas um mês. A editora, que foi quem me aceitou, era um anjo comigo e me deixava participar todos os dias da reunião de pauta. Era maravilhoso! Sentia-me uma correspondente internacional. Mas, depois da reunião, eu ficava com os repórteres, que não tinham tempo nem boa vontade de ter a mim por perto.

A gota d'água foi quando uma repórter me deu a pauta da matéria que seria feita, e eu perguntei: "*Can I stay with this*?" ("*Posso ficar com isso?*", era o que eu quis dizer). Ela não entendeu nada e ficou me olhando. Então, me disse que não tinha entendido. Expliquei que queria saber se poderia levar aquela folha para casa, já que estava na minha hora de ir embora. A repórter caiu na gargalhada e eu fiquei roxa. Como estava nevando, não pude nem pular pela janela, pois estava fechada. Além do mais, não entendia porque ela estava rindo tanto. Por fim, após alguns minutos de divertimento às minhas custas, ela me tirou da ignorância e disse: "*You want to know if you can KEEP it! Ok! you can*" (*Você quer saber se pode FICAR com isso! Tudo bem, você pode*). Só balancei a cabeça, peguei minha bolsa e fui embora, prometendo a mim mesma nunca mais voltar.

Quando cheguei em casa, perguntei à minha *roommate*, que era formada em Letras/Inglês, qual o problema com o *stay*. Ela me explicou que, no inglês, diferentemente do português, em que perguntamos *"Posso ficar com isso?"*, usamos *ficar* para tudo e qualquer coisa. No inglês, *ficar* é ficar mesmo, "*Ficar com alguém*", "*ficar em algum lugar*". Já o "*ficar*" com a folha seria *keep*, de manter. Mais uma armadilha do inglês. Minha *roommate* só não conseguiu me explicar o porquê das gargalhadas tão exageradas da repórter.

No dia seguinte, liguei para a editora, agradeci a oportunidade, mas disse que não voltaria mais. Sei que deveria ter ido lá pessoalmente, mas aquele lugar me dava arrepios. Talvez meu inglês não fosse suficiente ou, talvez, eu não tivesse estrutura para enfrentar aquele desafio. Não sei, mas eu tentei.

Não considero que fracassei, mas deveria estar mais preparada para os percalços. Hoje me arrependo de não ter voltado e terminado o estágio. Quando viajei, não sabia que existia esse programa em que a própria escola busca um estágio para você, e o ajuda a preparar um currículo adequado, e – o mais importante – indica você para empresas que estão preparadas para receber um estagiário internacional.

Mas, como cada caso é um caso, e cada experiência é única, nem todo mundo tem problemas com o estágio que busca por conta própria. Muitas pessoas têm sucesso quando optam pela busca independente.

> *Meu objetivo era só estudar durante um ano, mas, quando percebi que só ficava na escola na parte da manhã e à tarde passeava ou estudava sozinha, resolvi buscar um estágio. Eu mesma fiz meu currículo, selecionei na inter-*

net algumas empresas que me interessavam e que eram de pequeno porte, pois os gerentes eram mais acessíveis. Estagiei em duas empresas, voltei com duas cartas de recomendação, e ainda ganhei vocabulário na minha área de atuação.

Margot, 44 anos, professora universitária

Estudar e estagiar, seja por conta própria ou por agência, vale a pena, mas é importante levar em conta o seu perfil. Pergunte a si mesmo se realmente quer passar pelas dificuldades de estagiar numa empresa em que as pessoas não falam sua língua, com uma cultura diferente, e que não têm tempo para ficar entendendo algumas palavras que seu sotaque teima em fazer o significado ficar diferente. Pergunte-se também se você vai ter cara-de-pau e disponibilidade de bater na porta das empresas, ou se será muito mais prático e eficaz já contratar esse serviço junto à sua agência. Dependendo do seu perfil, talvez seja melhor, pois ela vai indicá-lo ou colocá-lo em uma empresa que esteja disposta e preparada para recebê-lo.

Na maioria dos países, estagiar sem remuneração não é proibido, é ótimo para treinar o idioma e, além do mais, ajuda a melhorar o vocabulário em sua área de atuação, o que é importante tanto para quem está na faculdade quanto para quem já está no mercado de trabalho.

Com certeza, existe um estágio que se adéqüe ao momento profissional em que você se encontra. Procure na internet, faça pesquisas, leia, peça, seja cara-de-pau. Mas esteja sempre preparado para os desafios, e pergunte-se qual o seu perfil para, assim, escolher a melhor forma de buscar seu estágio e trazer na bagagem experiência e boas lembranças.

Características do programa *estudar e estagiar*

Duração: Não há duração predefinida, tudo é combinado com a agência ou com a própria empresa em que irá estagiar.

Vantagens: Você pode praticar o idioma, viver o dia-a-dia da sua profissão em outro país, e ainda aumentar seu vocabulário técnico.

Obrigações: Se você optar por contratar os serviços da escola, você terá de cumprir as regras do estágio e passar nos testes de nivelamento que avaliam se você tem vocabulário suficiente para participar do programa e, assim, do estágio.

Idade: Depende de cada agência e programa.

Exigência: Que tenha, pelo menos, o domínio intermediário do idioma. Existem outras exigências, como fazer no mínimo um mês de curso antes do estágio, mas depende da agência e do seu nível do idioma.

Desvantagem: É um programa que pode sair caro para quem está querendo gastar pouco. Uma alternativa é tentar buscar o estágio por conta própria. Outra desvantagem é que nem sempre o estágio que a agência lhe oferece é o estágio que você imagina, e não dá para ficar escolhendo muito.

Trainee

Você também pode optar por um programa de *trainee*, que é oferecido para estudantes universitários, para recém-formados, e para jovens profissionais com experiência comprovada de, no mínimo, dois anos.

Nem todas as áreas podem ser beneficiadas nesse programa. As profissões mais tradicionais, como, por exemplo, Administração, Marketing, Direito, Hotelaria, e outras, oferecem mais chances para quem deseja encontrar uma colocação com remuneração.

Nesse tipo de intercâmbio, as exigências são bem mais específicas do que nos intercâmbios voltados para o estudo. É preciso comprovar o nível avançado do idioma, já que a freqüência a uma escola de línguas não está incluída no programa. Algumas agências exigem que você apresente testes como o TOEFL (Test of English as a Foreign Language).

Para se candidatar a uma vaga, é preciso que você passe no teste de inglês e nas entrevistas de seleção aqui no Brasil. Passando em todos, a própria agência providencia sua colocação na empresa estrangeira. Geralmente, a acomodação não está incluída no pacote e, por isso, o próprio candidato busca um local para ficar. Mas a agência também pode ajudar.

O valor do programa varia de acordo com o país escolhido e com o período de duração. Mas, além do preço ser mais salgado, algumas empresas exigem que você tenha, no máximo, três anos de formado.

Nesse tipo de programa, tudo é mais trabalhoso. Além de fazer todas as entrevistas e muitos testes, é preciso traduzir documentos, e sua colocação pode demorar até três meses ou mais para chegar. Outro ponto importante é que você não pode escolher o local em que vai ficar no país de destino. Além do mais, suas opções são reduzidas. Afinal, nem todos os países permitem que o estudante faça um estágio remunerado.

Esteja bem atento para esse tipo de estágio que, a princípio, enche os olhos. Não se esqueça de que você não pode escolher em que área específica da sua profissão deseja atuar. Quem se formou em Engenharia, por exemplo, não pode escolher ser *trainee* na área civil, de produção, etc. Você pode até externar sua preferência, mas não é certo que será atendido. Você pode ser colocado em qualquer área da Engenharia. Quando lhe é oferecida uma posição, você pode rejeitá-la e esperar por outra, mas tudo depende da agência e do tipo de programa que ela oferece.

Além de estar sempre bastante atento, como em todos os tipos de intercâmbio, neste caso, em especial, procure com muito cuidado antes de iniciar o processo para participar do programa. Ele costuma ser mais demorado, trabalhoso e caro. Pese bem na balança se fará uma grande diferença em seu currículo quando voltar ao Brasil, e avalie se o investimento vale a pena.

Características do programa *trainee*

Duração: Em média, de 6 a 18 meses. Tudo depende da disponibilidade, da vaga oferecida e de seu bolso. Quanto mais longo o intercâmbio, mais caro.

Vantagens: Receber para trabalhar e ainda voltar com um certificado de trainee na sua área de atuação ou formação.

Obrigações: Respeitar as regras e atender às exigências impostas pela agência e pela empresa.

Idade: Não existe uma idade preestabelecida, mas, em média, aceitam pessoas de 20 a 35 anos. Como sempre, depende de cada agência. De um modo geral, é um programa oferecido para recém-formados ou para pessoas com experiência comprovada em sua área de atuação.

Exigência: É preciso ter nível de idioma avançado. No caso dos EUA, por exemplo, algumas agências exigem que, além do inglês avançado, você apresente exames como o TOEFL, com a pontuação mínima de 550. Também se exige que o candidato seja recém-formado ou tenha experiência profissional comprovada na área em que está pleiteando a vaga.

O que você recebe e a que tem direito: Você recebe um salário semanal e experiência em sua área de atuação. Fique atento na hora de fazer suas contas. O salário talvez possa não ser suficiente para cobrir todas as suas despesas. Antes de contratar o programa, tenha certeza de que você tem dinheiro suficiente para se manter no país de destino.

Desvantagens: O processo é demorado, caro, e pode ser um tiro no escuro. Afinal, você não pode escolher o local para onde irá, nem optar pela área específica de sua profissão em que deseja atuar. Além disso, você pode estagiar numa empresa muito grande, na qual as pessoas não têm tempo para lhe dar atenção, ou mesmo numa pequena demais, que acabae acrescentando pouco à sua vida profissional. Também esteja preparado para bastante burocracia.

Tenho dito, durante toda esta nossa viagem juntos por aqui, que tudo depende dos programas oferecidos pelas agências. Foi nesse programa de *trainee* que eu tive aquele probleminha que já contei para vocês, no qual contratei um estágio remunerado e recebi um sem remuneração. Isso quer dizer que o programa não é bom? Claro que não é isso. O programa é ótimo! Todos são ótimos se você tiver os pés no chão. Mas, nesse caso em especial, procure atentamente, pois é um processo longo e minucioso.

Se, depois de toda a pesquisa, você decidiu que esse é o seu programa, é bom que já comece o processo bem antes da data que pretende viajar. Que tal uns seis meses antes? Assim, se algo não der certo, se você quiser desistir, ou se sua colocação demorar um pouco mais a chegar, você tem tempo para buscar novas alternativas.

Work experience

Esse tipo de programa é muito comum em países da Europa e dos EUA. Nas férias de verão, no meio do ano, que são as mais longas no hemisfério norte, os jovens costumam trabalhar em parques ou estações de esqui, por exemplo, para juntar um dinheiro e depois viajar.

Esse não é um programa para se aprender a língua, que isso fique bem claro. Você não freqüentará uma escola em momento algum. Irá para um determinado país trabalhar em funções como garçom, garçonete, arrumadeira, passadeira, etc. E isso as agências deixam claro. Por isso, é bom que, além de ter uma estrutura psicológica e muito boa disposição, você tenha um nível intermediário da língua, pois, se for trabalhar como arrumadeira, por exemplo, ficará muda praticamente o tempo todo. E se for trabalhar de atendente, vai falar o dia inteiro, mas não terá ninguém para corrigir o que você fala.

No *work experience* não há falsas promessas. Nunca ouvi uma pessoa dizer que tenha sido enganada em relação ao trabalho que iria desempenhar. As empresas informam que você irá trabalhar em estações de esqui, hotéis, cassinos, etc.

Alguns intercambistas pensam em trabalhar como garçons ou garçonetes, e em receber boas *tips* (gorjetas). Realmente, isso pode acontecer, e esse é um trabalho bastante lucrativo e bom para quem deseja treinar sua capacidade de se expressar numa língua estrangeira, mas são raras as pessoas que conseguem. Pense que esse programa reúne pessoas de vários países, e os hotéis têm muito mais quartos para serem arrumados do que bares para serem servidos.

Esse programa é vantajoso, pois é um dos mais baratos. Com o que ganha trabalhando, você recupera seu investimento e ainda sobra para passear pelo país. Aliás, é o que a maioria dos intercambistas faz. Gasta todo o dinheiro suado que ganhou trabalhando em viagens e compras. Nada de errado, mas a minha dica é que você viaje durante um mês e se matricule numa escola no outro. Divida seu dinheiro entre viagens, diversão, compras e estudos.

Como todos os programas, o *work experience* tem os prós e os contras, e, mais uma vez, você deve levar em conta seus objetivos e o que você espera de um intercâmbio.

Geovana fez *high school* na Califórnia. Quando voltou ao Brasil, prestou vestibular para Direito e, no terceiro ano da faculdade, resolveu fazer o *work experience.* Escolheu o Alasca. Seu objetivo era praticar o inglês e juntar dinheiro; por isso, optou por um dos destinos menos procurados pelos estudantes e que, assim, pagava melhor. Chegando lá, mesmo falando inglês fluentemente, foi colocada como camareira. Porém, num golpe de sorte, na sua primeira semana de trabalho, começaram a gravar um comercial no hotel em que ela estava trabalhando. Um dos diretores achou Geovana bonita, colocou-a para fingir que era a garçonete no restaurante, e por ali ela ficou durante os quatro meses até voltar para o Brasil. "*Meu objetivo não era aprender inglês, isso fiz no* high school. *Dessa vez, eu queria praticar, aproveitar e juntar um dinheiro*", diz ela.

Casos como o de Geovana são um em um milhão. É quase um conto de fadas moderno. Aliás, é o que muitas pessoas acham que pode acontecer, e acabam se decepcionando.

Júlia, minha amiga de faculdade, tinha 25 anos e estava fazendo pós-graduação quando decidiu fazer o *work experience*. Em dois meses, estava embarcando para um cassino. Ficou tão empolgada que fez até uma festa de despedida. Uma semana depois da festa, tudo pronto, embarcou para ficar quatro meses, mas depois de um já estava de volta. Dizia que só ficava arrumando os quartos, que dormia num quarto com mais oito jovens de nacionalidades diferentes, e ainda tinha de dividir o banheiro. Julia conta que sabia de tudo isso quando saiu do Brasil, mas achou que lá as coisas seriam diferentes. Mas não foram, foi tudo exatamente do jeito que a agência havia lhe explicado. Inclusive a remuneração:

> *Achei que, com o tempo, iria receber mais e, na verdade, não gostei nem um pouco de ter de ficar arrumando o quarto para os outros. Não faço isso nem na minha casa! Voltei, não recuperei o dinheiro que investi e não me arrependo. Principalmente porque achei que poderia melhorar meu inglês. Quando saí do Brasil, sabia de tudo*

o que ia acontecer, ninguém me enganou, mas não me adaptei. Além do mais, não falava quase nada de inglês com ninguém durante todo o dia. Primeiro, porque tinha vergonha, e segundo, porque não tinha ninguém mesmo, a menina que limpava comigo, uma mexicana, também falava pouco inglês, e acabávamos falando mais espanhol do que qualquer outra língua.

Eu conheço a Júlia e sei que ela não é muito de pegar no batente. Se ela tivesse pedido minha opinião antes de viajar, eu diria a ela que um programa mais *light* seria melhor. Se tivesse ido só estudar, as coisas seriam mais coloridas.

Não se iluda e esteja preparado psicologicamente. O caso de Júlia mostra como é importante escolher o intercâmbio certo, de acordo com seus objetivos, e revela também como a falta de estrutura emocional pode atrapalhar. Ela não recuperou o dinheiro que investiu, não praticou a língua, nem ficou satisfeita. Talvez tivesse sido mais vantajoso usar o dinheiro para fazer um curso intensivo de inglês por dois meses, só estudando. Ficaria o mesmo tempo, mas voltaria falando melhor o idioma.

Procure com carinho e atenção o intercâmbio que atenda às suas necessidades, às suas expectativas e ao seu perfil. Nada de se forçar a uma coisa que não está ao seu alcance. Eu, por exemplo, não iria a um programa desses porque não é minha cara. Mas acho o máximo!

Se optar pelo *work experience*, vá com a cabeça feita e os braços prontos para pegar no batente. Pense que você vai ganhar dinheiro, conhecer o país e curtir muito! Tenha em mente, também, que vai morar com muitas pessoas na mesma casa. Diferentemente dos outros programas, aqui não há *homestay* lhe esperando. Você terá de tolerar e engolir muito sapo. Se quer vida de rei ou rainha, pule fora. Só você sairá ganhando.

Características do programa *work experience*

Duração: De 3 a 6 meses.

Vantagens: É um intercâmbio barato, que lhe permite recuperar o que investiu e ainda ganhar dinheiro. Aqui no Brasil você paga os custos do processo, e, no seu país de destino, paga apenas a estadia. O resto do seu salário é todo seu.

Obrigações: Cumprir a carga horária do local de trabalho e seguir as regras do intercâmbio.

Idade: Normalmente, entre 18 e 26 anos de idade. Mas se você procurar direitinho, vai achar algumas agências com programas que acolhem pessoas com até 40 anos. Nada mais justo, já que, atualmente, pessoas de todas as idades estão descobrindo as maravilhas do intercâmbio.

Exigência: Não se exige que você tenha domínio do idioma. Algumas agências aceitam que você tenha apenas o nível básico. Porém, quanto mais fluente você for na língua, maiores são suas chances de conseguir uma boa colocação e um salário melhor. É preciso estar matriculado em uma instituição de ensino.

O que você recebe e a que tem direito: Cada agência tem suas regras, mas, em geral, você recebe um salário de, em média, 7 dólares por hora de trabalho. Tudo depende do país, do cargo que você vai ocupar e da agência.

Desvantagem: A grande desvantagem desse programa é que muitas pessoas viajam acreditando que vão praticar o idioma, o que acontece pouco, e, quando acontece, em geral não existem pessoas interessadas em corrigir o que você fala ou mostrar a forma correta de se expressar. Nesse tipo de intercâmbio, você não tem tempo para freqüentar uma escola de línguas. Se a intenção é aprender o idioma, sugiro que pense em outro tipo de programa.

Quando for assistir às palestras oferecidas pelas agências, preste bastante atenção a cada palavra e não se iluda. Às vezes, ouvimos coisas que não foram ditas e deixamos passar o que não queremos ouvir. Minha sugestão é que você ouça tudo. Tudo mesmo. Não vai fazer como a Júlia, que não limpava nem o próprio quarto e depois veio reclamar que tinha de limpar o quarto dos outros, ok? As palestras oferecidas pelas agências são bem claras.

Trabalhar e estudar

Alguns países, como a Irlanda e a Austrália, aceitam que você estude e trabalhe legalmente. É preciso atender a uma série de exigências, mas é possível. Geralmente, a carga horária permitida é curta, quatro horas por dia, mas já ajuda em algumas despesas diárias. Além do mais, você pratica o idioma e ainda pode continuar estudando com tranqüilidade. Se der sorte, pode até mesmo encontrar um emprego em sua área de formação.

Para ter direito a esse benefício de trabalhar legalmente, alguns países exigem que você cumpra uma carga horária mínima de estudo por dia, e que fique um tempo mínimo no país. Você não pode, por exemplo, ir para estudar um mês e trabalhar durante quatro meses. É preciso que fique seis meses, no mínimo, e estude durante todo esse período. Assim, você recebe uma autorização para trabalhar legalmente.

Pesquise com sua agência se o país para o qual você pretende ir aceita que o estudante trabalhe enquanto estuda. Essa opção é bastante vantajosa, pois você pode trabalhar e estudar, diferente do *work experience*, em que a prioridade é o trabalho de férias.

Esse tipo de programa é interessante, também, para quem quer fazer uma pós-graduação no exterior. Como o estudo é bastante intenso e caro, poder trabalhar algumas horas por dia é uma boa.

Como em todos os outros programas, é preciso que você avalie se esse tipo de intercâmbio atende suas necessidades. Afinal, o que se recebe em quatro horas de trabalho não é nenhuma fortuna e, por isso, é necessário ter uma reserva para se manter no país. Além do mais, o trabalho não é garantido, você vai ter de procurar.

É importante enfatizar que você pode ter a sorte de conseguir um emprego na própria escola ou na universidade em que for estudar, ou mesmo na sua área de formação, mas pode também só encontrar oportunidades em cozinhas de restaurantes. Seja realista!

Características do programa *trabalhar e estudar*

Duração: Depende de cada país. Em média, o tempo mínimo é de seis meses de permanência.

Vantagens: Você pode trabalhar legalmente e estudar ao mesmo tempo.

Obrigações: Cumprir as leis do país para o qual está se candidatando.

Idade: A idade para participar desse tipo de programa é de, em média, 18 a 35 anos, podendo variar bastante de agência para agência e de país para país.

Exigência: Que você esteja matriculado em uma escola de idiomas ou em alguma instituição de ensino no país de destino.

O que você recebe e a que tem direito: Você tem o direito a trabalhar legalmente no país e, assim, ter dinheiro para pagar algumas despesas do dia-a-dia.

Desvantagem: O que se recebe é muito pouco com apenas quatro horas de trabalho por dia. Sendo assim, se você tem pouco dinheiro para investir na viagem, esse não é seu programa, pois existe um tempo mínimo de permanência, e trabalhar mais horas do que o permitido pode lhe trazer problemas.

Curso de curta duração

Algumas pessoas vão para outros países pensando apenas em estudar o idioma. Poucas sabem que podem fazer cursos em *colleges* ou cursos intensivos de férias nas universidades. Eu mesma fiz vários desses cursos.

Fiz três em *colleges* de Toronto, com duração média de um mês e meio. É só pesquisar na internet o que a cidade em que você vai ficar oferece, ver os preços e os procedimentos para se inscrever como estudante internacional ou até mesmo como ouvinte.

No primeiro curso que fiz num *college,* em Toronto, me matriculei como ouvinte, porque achava que meu inglês não era bom o suficiente para acompanhar as aulas. Conversei com o professor e ele disse que meu inglês estava bom e que acreditava que eu poderia acompanhar todo o curso muito bem, mas não me atrevi. Tinha chegado ao país havia apenas uma semana. Diante da minha resistência, ele aceitou.

Participei de todas as aulas como uma aluna regular, mas, no fim do curso, só recebi uma carta dizendo que havia freqüentado as aulas. Mesmo assim, paguei o valor integral como os outros alunos. O curso teve duração de seis semanas. Eu tinha aulas todas as terças e quintas à noite. No final, me arrependi, pois percebi que tinha conseguido acompanhar tudo o que foi ensinado, tanto que, nas provas, sempre tirei notas boas.

Foi uma pena não ter recebido o certificado como aluna regular. Tinha uma paquistanesa que falava um inglês muito, mais muito ruim, e que, diferente de mim, preferiu encarar o desfio e fazer o curso como aluna regular e não só como ouvinte. Aí fiquei mais arrependida ainda! Mas o que eu podia fazer? Senti-me mal, ainda mais porque o professor insistiu dizendo que meu inglês era bom. Mas fiquei um pouco assustada. Uns medos bobos que a gente tem, sabe? Serviu de lição para acreditar mais em mim.

Em Vancouver, no meu terceiro intercâmbio, fiz um curso de férias intensivo de *Creative writing* na *University of British Columbia*. Foi maravilhoso, e confesso que essencial para minha carreira como escritora.

Se você tem o domínio razoável do idioma e pretende fazer o intercâmbio de, no mínimo, três meses, as aulas avulsas de cursos técnicos são uma boa oportunidade, já que a maioria delas não dura mais que seis semanas.

Há outras opções, como os cursos livres. Se você é médico ou estudante de Medicina, por exemplo, procure saber o endereço e os cursos oferecidos pela associação de classe dos médicos do país de destino. Informe-se sobre *workshops* que têm a duração de, em média, um dia a uma semana. São ótimos para ganhar vocabulário na sua área de atuação e para se atualizar quanto ao mercado internacional. Pode fazer a diferença em seu currículo.

Pesquise bastante com sua agência, na internet, e em todos os locais disponíveis. Se achar alguma instituição que ofereça um curso de seu interesse, seja cara de pau e faça contato, sem vergonha. Mande um e-mail. O máximo que podem fazer é não lhe responder. Tente. Mesmo que você assista ao *workshop* apenas como ouvinte, ou que só participe e não fale uma palavra, já é muito bom, porque abre novos horizontes além das paredes da escola de línguas.

Cursos técnicos servem, também, para aprender mais sobre algum *hobby*. Na minha escola de línguas, estudava com um mexicano que se matriculou num curso de fotografia e estava adorando. Apesar de estar cursando administração no México, ele adorava fotografar; por isso, aproveitou a oportunidade para aprender um pouco mais sobre seu passatempo preferido enquanto praticava o idioma. Dizia que na turma só havia seis pessoas, e que elas eram bastante compreensivas com seu sotaque.

Se você já tem domínio total do idioma e quer apenas fazer um curso de aperfeiçoamento em sua área de atuação, um curso técnico é realmente a melhor opção. Você pode fazer um contato direto com a instituição que oferece o curso que deseja freqüentar, ou pode entrar em contato com uma agência aqui no Brasil, que vai lhe oferecer várias opções. A vantagem de fazer tudo por conta própria é que pode sair bem mais em conta.

No meu terceiro intercâmbio, procurei tudo sozinha. Como já tinha o domínio do inglês, queria apenas fazer cursos em minha área e praticar o idioma. Foi ótimo! Economizei bastante porque não precisei de intermediários para contratar os cursos, mas, por outro lado, me senti um pouco perdida. Além do mais, alguns cursos foram cancelados por falta de alunos, e só fui comunicada disso quando já estava em Vancouver. Aliás, cancelamentos de cursos de férias são bastante comuns. Principalmente os menos procurados. Mas nada impede que você se matricule em outro e não se aborreça por causa disso. Tenha sempre um plano B.

Não importa qual seja seu interesse ou sua área de atuação. Procure e você vai achar algum curso que seja bom para melhorar seu currículo e aumentar seus conhecimentos. Até um intercâmbio para trabalhar em fazendas nos EUA eu já achei. É intercâmbio mesmo! Se você estuda Moda ou Gastronomia, existem ótimos cursos na Itália. Cada país é pioneiro em alguma área. Procure o que melhor vai atendê-lo.

Há muito tempo não via o sobrinho de uma tia minha. Há dois anos, nos reencontramos no Natal.

Conversa vai, conversa vem, descobrimos um objetivo em comum: aprender alemão. Eu, porque sou viciada em aprender línguas; já ele, porque estava estudando para ser protético e, assim que terminasse os estudos, sonhava ir para a Alemanha fazer um curso na sua área. Ele dizia com entusiasmo: *"Eles são os melhores!"*. Eu, sinceramente, achei que fosse pura empolgação e que não passaria disso.

Por coincidência, um tempo depois, ele me achou no Orkut e me surpreendeu com um recado escrito todo em alemão. Quase cai da cadeira e engoli minha descrença. Corri para o dicionário para entender o que ele tinha escrito. Ele me perguntava como andava meu alemão, dizia que já tinha terminado o curso de protético e que já tinha feito até uma dentadura para avó.

Fiz contato, em português, disse que meu alemão se resumia a algumas palavras básicas, como o *guten tag e danke*, que aprendei em minha estada em Munique. Que vexame! Em outro contato, em português, ele me contou que continuava firme na vontade de fazer o curso fora, e já sabia até em que escola o faria. Estava apenas aprimorando o idioma e juntando mais dinheiro para se manter em Berlim por seis meses.

Como nos intercâmbios já citados, não poderíamos deixar de falar das desvantagens. O curso técnico ou livre também tem as suas. Pode acontecer de a turma rejeitá-lo um pouco. Principalmente quando tem de fazer trabalho em grupo. Afinal, às vezes, nós podemos mais atrapalhar do que contribuir com o grupo.

Em qualquer momento do intercâmbio, você pode se sentir um peixe fora d'água, mas o contrário também pode acontecer. Você pode ficar completamente enturmado de uma hora para outra, e fazer amigos em sua área de formação. Poderão trocar idéias mesmo depois que o curso acabar.

Fazer cursos livres em *colleges* está tão popular que, quando fiz o curso de Marketing Internacional, a sala estava lotada. O professor pediu que fôssemos falando nossos nomes e nacionalidade. Depois que todos se apresentaram, ele disse: *"Mas é uma gang de brasileiros!"*. De 32 alunos, acredite, éramos 14 brasileiros.

Já em outra turma, bem menos populosa, éramos 16 alunos e apenas eu brasileira. Confesso que me senti bastante inibida. Quase não falava, e tremia quando tinha de apresentar um trabalho. Um dia, tive de mostrar, a partir de fotos, como eu venderia meu país. Ensaiei exaustivamente. Lia e relia. Passava e repassava as fotos no *power point*. Acho que fiz a apresentação umas mil vezes para minha *roommate*. Por fim, de tanto me ouvir treinar, ela já poderia ir em meu lugar se eu viesse a ter um ataque do coração de tanta ansiedade. Apesar do nervosismo, no fim deu tudo certo e tirei uma boa nota.

Talvez eu tenha ficado tão nervosa com a apresentação das fotos porque não sabia que o pior ainda estava por vir: o trabalho final. Dessa vez, éramos um grupo de quatro pessoas. Meus companheiros não foram nem um pouco receptivos. Dois canadenses e uma russa. O único homem do grupo era ator, e fazia um personagem o tempo todo. A jovem *canadian* deve ter sido minha inimiga na encarnação passada. Por incrível que pareça, a russa, que falava um inglês impecável, foi a mais simpática comigo. Simpática na medida do possível. Esse curso foi um suplício para mim, mas sobrevivi e voltei com meu certificado para casa, o que era o mais importante.

Como em tudo na vida, você pode passar por momentos desagradáveis e de desafio em seu intercâmbio, principalmente no curso técnico, em que os alunos não estão ali para fazer novos amigos e para curtir o país como num curso de línguas. Você vai encontrar pessoas que estão em busca de melhora profissional em primeiro lugar. Esteja preparado para uma nova postura. Eu sentia muita diferença quando saía da escola de línguas de manhã, em que todos estavam dispostos a me ajudar, os professores eram pacientes e faziam graça para que assimilássemos com mais facilidade o que estavam ensinando, e, quando chegava à noite, no *college,* tinha de dar o melhor de mim. Sentia como se tivesse saído do jardim de infância para o mestrado da noite para o dia. Mas foi ótimo, e recomendo a todos, desde aqueles que estão querendo entrar na faculdade até quem já é *expert* em sua área de formação. Ess intercâmbio é ótimo para pessoas de todas as idades, com os mais diversos interesses.

Características do programa *curso de curta duração*

Duração: Depende do curso que você escolher.

Vantagens: Você volta com um curso específico na área em que deseja se aperfeiçoar. Se você não tem domínio da língua, pode combinar estudo do idioma com alguns workshops ou cursos em colleges. Aliás, algumas escolas de línguas já têm cursos direcionados, que mesclam estudo do idioma com um curso que lhe garante certificado em business.

Obrigações: Atender às exigências da escola na qual vai estudar.

Idade: Pessoas de qualquer idade podem se candidatar a cursos técnicos.

Exigência: Depende do curso e da instituição escolhida.

O que você recebe e a que tem direito: Você recebe aprendizado na área em que vai estudar e volta com pontos a mais no currículo, já que pode escolher escolas em países que têm ensino de excelência em sua profissão. Se estiver fazendo algum curso por hobby, seu maior direito é assimilar tudo e aproveitar!

Desvantagem: A turma pode não ser receptiva. Quanto ao custo, pode sair mais caro. Tudo depende do país e da escola em que for estudar. Se quiser a melhor escola em sua área, faça uma boa reserva de dinheiro.

Pós-graduação

Você pode optar por fazer todo o seu mestrado ou doutorado fora do Brasil, ou o *sandwich*, aquele em que metade do curso é feita aqui, e a outra metade no exterior. Para financiar seus estudos, existem bolsas fornecidas pelo governo, universidades e por instituições não-governamentais. Seus professores podem ajudá-lo a buscar informações mais precisas na área em que você deseja se especializar.

Para fazer mestrado e doutorado fora do país, tem de se estar disposto a enfrentar um longo processo para admissão, e, depois de aprovado no curso, um longo período de muito estudo e dedicação. É preciso estar certo de que esse é realmente seu desejo!

Se você não está interessado em seguir a vida acadêmica, mas gostaria de fazer uma pós-graduação, o caminho fica mais curto. A pós-graduação *lato sensu*, ou especialização, pode ser pleiteada por qualquer intercambista que tenha curso superior. Cada instituição terá sua exigência para aceitar o estudante internacional, mas, na maioria dos casos, basta que você escolha a pós que mais o agrada, faça contato e o pagamento. Busque informações na internet, nas agências, nas escolas ou na sua faculdade. Essa é uma ótima oportunidade, mas exige nível do idioma avançado e bolso com uma reserva considerável. Afinal, uma especialização fora do país pode significar um ano de estudos intensos e despesas na mesma proporção.

Uma solução para quem não quer abrir mão de ter no currículo uma especialização fora do país, mas não tem dinheiro suficiente para isso, é buscar instituições de ensino, aqui no Brasil, que tenham convênio com universidades do exterior, em que você pode fazer parte da sua pós-graduação. Outras oferecem curso de férias no exterior. Quando você estiver de férias da pós aqui no Brasil, freqüentará as aulas na universidade estrangeira. O custo é alto, mas, dependendo dos seus objetivos, essa é uma opção a se avaliar, e bem mais barata do que fazer o curso todo fora.

Se você não conseguir uma bolsa que o ajude com as despesas, pense, pese muito bem o que vai gastar e, finalmente, avalie se uma pós, mestrado ou doutorado no exterior vão fazer uma grande diferença em seu futuro profissional. Como em todas as modalidades de intercâmbio, é muito importante que você tenha claro como esse investimento irá ajudá-lo no futuro.

Outra opção para diminuir os custos é buscar instituições no exterior que ofereçam parte do curso pela internet. Uma amiga fez uma pós-graduação em Ensino a Distância em uma faculdade na Inglaterra. Era bem puxado, com aulas quase todos os dias. Concluída essa fase à distância, ela deverá ir a Londres e apresentar o trabalho final, ao vivo e a cores.

Depois de todas as pesquisas e leituras, você avaliou os prós e os contras, fez as contas e chegou à conclusão de que esse é o tipo de intercâmbio para você, e que ele cabe no seu bolso. Então, invista em seu estudo e procure instituições de qualidade para que seu dinheiro seja bem empregado, e seu ano, bem aproveitado. Busque saber se o curso será reconhecido aqui no Brasil, e não faça nada às pressas. Considere e analise todas as opções e boa sorte!

Intercâmbio a dois

Muitos casais já estão embarcando no intercâmbio juntos. Geralmente, escolhem os programas com duração de um mês, para estudar algum idioma. Essa é uma experiência muito boa e interessante para quem não quer viajar sozinho. Tenho propriedade para falar, porque meu primeiro intercâmbio, em Toronto, foi com meu namorado.

O lado positivo é que você não demora tanto tempo para se desinibir, e sente mais segurança para passear pela cidade sem medo, pois sabe que, a qualquer sinal de problema, não estará sozinho. O lado ruim é que você acaba falando português, não tem jeito. Por mais que tente praticar o idioma local, é difícil manter a promessa por muito tempo. Quando se dá conta, já está falando português, sem nem perceber.

Outra desvantagem do intercâmbio a dois é que as opções de hospedagem são limitadas. Nem todas as famílias querem, nem têm espaço físico apropriado, para acolher duas pessoas ao mesmo tempo.

Se, por um lado, algumas famílias não querem receber casais, outras já vêem aí a possibilidade de ganhar mais, pois elas recebem em dobro por um quarto que abrigaria apenas uma pessoa por vez.

Como ressaltei, uma das desvantagens do intercâmbio a dois é o casal ficar junto o tempo inteiro, o que dificulta a prática do idioma local. Mas Lúcio e Eduarda resolveram esse problema da forma mais natural possível:

> *Decidimos que queríamos ir juntos, mas pensamos que seria mais produtivo se ficássemos em casas separadas. Acredito que acertamos na escolha, pois pudemos praticar o idioma e, ao mesmo tempo, estar juntos. Como já éramos casados havia sete anos, parecíamos um casal de namorados. Às vezes, quando saíamos muito tarde de um pub, eu a acompanhava até o subway ou ficava esperando o ônibus dela para que não ficasse sozinha. Eu morria de vontade de chegar logo o dia seguinte na escola para encontrá-la!*
>
> *Lúcio*

Intercâmbio pode ser, também, uma boa e diferente opção de lua-de-mel. Um casal de amigos casou assim que terminaram a faculdade, e foram para a Espanha, por seis meses, para praticar o espanhol e fazer cursos técnicos. Essa é uma opção inusitada, mas que une o útil ao agradável.

Se você não pode fazer como meu casal de amigos, largar tudo e ir estudar fora, que tal fazer um intercâmbio de um mês nas suas férias para comemorar uma segunda lua de mel? Ou, quem sabe, para celebrar 25 anos de casado? Por que não?

Achava o máximo a tia de um amigo que sempre dizia que o próximo passo era ela e o marido passarem três meses em Nova York estudando inglês. Ela dizia que já tinham criado três filhos, e que só estavam esperando a mais nova terminar a faculdade de Medicina para sobrar dinheiro e curtir a vida. Na época, ela estava com 49 anos, e ele com 54.

Como em todos os casos, intercâmbio a dois é uma oportunidade excelente, mas que tem os prós e contras. Pese na balança seus desejos e objetivos e vá em frente!

Regra para todos os tipos de intercâmbio

Independentemente do tipo de intercâmbio que você escolher, o que importa é que tenha em mente que aquelas fotos de pessoas felizes, rindo e achando tudo maravilhoso 24 horas por dia não são reais. Você passará por momentos de alegria, de tristeza e de dificuldades, como em qualquer etapa da sua vida. Esteja preparado.

Intercâmbio é um investimento tanto de dinheiro quanto em tempo. Às vezes, as pessoas e a própria família do intercambista deixam a emoção e a ansiedade tomarem conta e se esquecem de estar atentos a todos os cuidados possíveis. Quando estão comprando um intercâmbio, parece que se esquecem de que é um grande investimento, e deixam a emoção falar mais forte. Lembre-se de que boa parte do sucesso da sua viagem depende do planejamento que você faz antes de embarcar.

Intercâmbio é um negócio como qualquer outro. Requer investimento financeiro, atenção, contrato, garantias, pesquisa e interesse. Não vá para casa curtir a expectativa da viagem enquanto a agência cuida de tudo para você. Nunca faça isso! Participe! Acompanhe tudo, cada detalhe.

Imagine que a empresa está enviando vários intercambistas para fora do país. Entende porque precisa acompanhar tudo? Tenha em mente aquele antigo ditado: "*O que engorda o gado é o olho do dono*". Quem melhor para cuidar do seu intercâmbio do que você mesmo?

Só para lembrar:

- Dificuldades existem, mas não são pretexto para desistir
- Momentos de tristeza e solidão vêm na mesma proporção que os de alegria
- Fique atento ao seu investimento
- Escolha o melhor intercâmbio para seu objetivo
- Tenha foco em suas metas!

CAPÍTULO 6

Onde ficar

Depois de falar tanto da *homestay*, o tipo de acomodação mais comum entre os intercambistas, você deve estar se perguntando: onde ficar? Quais as minhas alternativas, já que posso ter tantas surpresas com a casa de família?

Calma. Existem várias opções de acomodação. A mais famosa, mais escolhida, e mais barata de todas é realmente a *homestay*. Mas você tem outras alternativas.

Algumas escolas possuem um departamento especializado, que cuida da acomodação do estudante. A hospedagem pode ser em casas/apartamentos, quando a própria escola seleciona um apartamento que atenda às suas necessidades; em residências estudantis, nas quais vários estudantes, de várias partes do mundo, dividem um apartamento ou alojamento, e compartilham o quarto e o banheiro, além das áreas comuns, como a cozinha; em hotéis, que são uma opção mais luxuosa, procurada por executivos que buscam fazer cursos de aperfeiçoamento em sua área. E, por fim, a opção mais procurada de todas, não só pelo preço, mas também por ser a que mais possibilita ao intercambista imergir na cultura do local: a *homestay*.

Homestay e outros tipos de acomodações

Este é realmente um capítulo à parte. Pense rápido: o que vem à sua cabeça quando ouve a palavra *homestay*? Família, acolhimento? Esse é o objetivo, mas já lhe disse, anteriormente, que nem sempre é assim. Na verdade, as famílias acolhem estudantes internacionais não só por acreditarem no valor do intercâmbio de culturas, mas também porque muitos ganham para isso.

A maioria das pessoas que se oferecem para receber estudantes precisa do dinheiro, ou também querem mandar seus filhos para fazerem intercâmbio. Aliás, essa é uma dúvida bastante comum: Vou ter de receber alguém na minha casa? Sim e não. Algumas instituições oferecem hospedagem de graça para você ou para seu filho, e, em contrapartida, você recebe alguém em sua casa. Mas, na maior parte dos intercâmbios, principalmente os que você contrata em agências, você não tem de receber ninguém, mesmo porque você paga para ficar na *homestay*. Você está contratando um serviço.

Hoje em dia, hospedar-se em uma *homestay* é pagar por um serviço como outro qualquer. Mas quando embarquei em meu primeiro intercâmbio, acreditava que a família iria me receber como uma filha, e que teríamos laços eternos. Criei, erroneamente, toda uma fantasia em minha cabeça, que logo foi demolida na minha chegada. Meus pais eram alemães, e não canadenses, e, por melhor que fosse seu inglês, ainda mantinham um sotaque bem forte. Não que isso tenha atrapalhado meu intercâmbio, mas foi uma grande decepção. Além disso, não faziam questão alguma de serem afetuosos.

Culpa deles? De forma alguma! Culpa minha, que fantasiei demais! Eles cumpriram o papel deles e sempre foram muito educados e solícitos.

Ficar hospedado em casa de casais que não são nativos do país é muito comum, principalmente em países como Canadá e EUA, que estão cheios de imigrantes. Uma amiga ficou na casa de indianos e, no final de dois meses, dizia que não agüentava mais comer refeições regadas a *curry*.

Já uma professora de inglês de Vitória, no Espírito Santo, ficou apenas um mês em Toronto, e voltou dizendo que tinha ganhado amigos para a vida inteira, pois a família que a acolheu foi maravilhosa, e estavam mantendo contato mesmo após meses depois de sua partida.

É uma loteria. Alguns são premiados, outros não. Mas, se não é maravilhoso para todos, a estadia é, ao menos, suportável e respeitosa. Não se apavore.

Minha amiga Bruna também foi para Vancouver estudar inglês durante três meses. Quando chegou à sua *homestay*, conheceu simpáticos descendentes de chineses:

> *Eu viajei com inglês básico e estava ávida pelo contato com a língua. Mas foi bem diferente do que imaginei. Durante o tempo em que fiquei na homestay, aprendi muito sobre a China. O pior era no fim de semana, quando eu ficava mais tempo em casa. Os pais do casal que estava me acolhendo não falavam inglês, e como passavam o sábado e domingo lá, eu pratiquei bastante meu listening em chinês. Isso foi me distanciando deles, a tal ponto que, quando decidi ficar mais três meses, preferi dividir apartamento com outros estudantes a arriscar outra* homestay.

Situações como a da Bruna são mais comuns do que se possa pensar. Muitos imigrantes precisam fazer algum dinheiro para pagar a hipoteca da casa, e abrir suas portas para os intercambistas é uma boa. Minha dica, então, é que não crie tantas expectativas, como eu, que achava que ia me comunicar com eles antes de embarcar, para irmos nos conhecendo, e por aí vai.

O caso é diferente se você está indo para ser *au pair*. Nesse caso, tanto a família quanto você precisam se conhecer, pois você tomará conta dos filhos deles. Nesse programa, a escolha da família é muito importante. A afinidade tem de existir.

É inegável que os laços que são formados em um intercâmbio de um ou dois meses não se comparam aos de uma pessoa que mora um ano na *homestay*. Você realmente acaba se tornando um membro da família e participando das festas e reuniões daquele grupo. Aquela é sua família durante um ano, principalmente para estudantes de *high school* que são menores de idade.

Lícia tinha 17 anos quando a mãe resolveu que era hora de ela fazer um intercâmbio. Foram direto a uma agência indicada por um primo. Tudo certo para a viagem, ela embarcou. Lícia sabia que estava indo para uma cidade pequena, aliás, sua mãe preferiu assim, e é praxe nas agências, já que fica mais fácil controlar os jovens. Ela foi preparada para viver em um local com poucos habitantes, mas nem tanto. Quando se deu conta, estava numa fazenda no interior dos EUA, em uma cidade de 3 mil moradores. Era quase uma comunidade. Para piorar, a fazenda ficava a 20 minutos de carro da pequena cidade.

No dia seguinte à sua chegada, um domingo, Lícia foi acordada com batidas na porta às 7 horas da manhã, para ir à igreja. Era obrigatório, não tinha escapatória. Após três horas de orações, foram comer em uma lanchonete, e ela quase caiu para trás quando a família, composta por pai, mãe e quatro irmãos, começou a rezar diante dos sanduíches. Sem saber o que fazer, ela juntou as mãos e também se pôs a orar.

Na segunda-feira, ligou para o Brasil e exigiu que fosse trocada de *homestay*, mas a agência disse que ela tinha de ficar pelo menos um período para se adaptar. Depois de muita insistência da mãe, Lícia aceitou. Aquilo realmente parecia uma atitude precipitada. Não havia nem uma semana que tinha chegado. Mas o tempo passou, nada mudou, e ela continuava tendo de ir à igreja aos domingos e seguir a rotina da família, à qual ela não conseguia se adaptar.

Passado o período combinado, Lícia ligou para a agência e pediu que fosse enviada para uma nova família. A agência disse que tudo bem, mas levaria um tempo. Passou-se mais um mês, e nada. Eles diziam sempre que estavam procurando. Num ato de desespero, Lícia enviou um e-mail para a coordenadora de sua agência no Brasil, listando tudo o que estava acontecendo em casa, achando que ela se comoveria. Em vez disso, a orientadora brasileira traduziu o e-mail para o inglês, enviou para a coordenadora dos EUA, que enviou para a família que estava hospedando Lícia. Ufa! Parece história de filme, mas não é. Com o e-mail em mãos, a família esperou Lícia chegar da escola e a colocou contra a parede, dizendo que tudo o que ela tinha dito era mentira, e que se ela não queria rezar, era só dizer.

Lícia ficou calada o tempo todo, só ouviu o que a família tinha a dizer e, depois, foi para o quarto se debulhar em lágrimas. Mesmo com toda essa situação, só depois de duas semanas de muita insistência ela conseguiu uma nova casa. Mas, não era bem o que ela queria. Foi tirada da fazenda e levada para a cidade, só que a mesma cidade de 3 mil habitantes, onde ficou morando por mais 5 meses.

Existem inúmeros casos como o de Lícia. Mas *homestay* é sempre uma incógnita. Tenho um amigo que até hoje mantém contato com a família com a qual morou por apenas três meses em Londres. Eram os pais, dois filhos e mais três estudantes. Todos mantêm contato por e-mail, como se fossem irmãos distantes. O vínculo entre eles é tão forte que, quando esse meu amigo se casou, a família do Velho Continente veio toda para prestigiar o casal. E olha que já fazia cinco anos que ele tinha feito o intercâmbio. Para completar, a lua-de-mel foi na Europa, e dois dias foram reservados para ficar em Londres com a família postiça.

Numa *homestay*, você tem a obrigação de lavar sua roupa e de limpar seu quarto. Eles lhe fornecem o material, as suas refeições – geralmente café da manhã e jantar – e devem ficar à mesa durante essas refeições, para que você possa praticar o idioma. Claro que há algumas variações, mas, em geral, é assim que funciona, e, dependendo da família e de sua capacidade de adaptação, pode funcionar muito bem.

Cássia, de 40 anos, foi para uma *homestay* em que a dona morava no *basement* e, na casa, moravam quatro estudantes, todos de nacionalidades diferentes:

> *Quando eu fui, imaginava uma família tradicional com pai, mãe e filhos, e não foi isso o que encontrei.*

Fui parar em uma república. E adorei! Morava com uma japonesa, um coreano, um árabe e o filho da dona da casa. Cada um de nós tinha seu próprio quarto, mas jantávamos juntos, saíamos juntos e, aos domingos, alugávamos DVDs e assistíamos juntos, para depois comentar sobre o filme. Me adaptei e tentei aproveitar o melhor de todas as situações. A dona da casa não cozinhava para nós, mas a geladeira e os armários estavam sempre cheios para comermos o que quiséssemos. O coreano era muito desorganizado e, quando chegávamos à cozinha para fazer nossa comida, estava sempre uma bagunça. A japonesa sempre reclamava, mas eu tirava de letra. Fingia que nem estava vendo e tudo sempre terminava bem. Foi ótimo! Mantemos contato até hoje.

Casos como os citados acima são uma mostra de que o intercâmbio é transformador. Você precisa estar com a mente aberta para novas experiências, para conhecer outras pessoas, e para a mudança de alguns hábitos. Eu, por exemplo, passei um mês jantando batata frita que comprava na rua, porque não suportava a comida cheia de pêlos da *homestay*. Só sentava à mesa com eles, comia uma saladinha, praticava um pouco do inglês, e descia correndo para me encher de batatas e chocolates. Foi minha forma de me adaptar sem ter maiores problemas.

Se sua família for perfeita, tudo o que você sonhou, ótimo; mas se não for, tente se adaptar, entrar no ritmo. Se for algo realmente insuportável, peça para mudar. Você tem esse direito. Se não, aproveite e ria das situações inusitadas. Alguns hábitos nossos também parecem estranhos a eles. Respeito e mente aberta sempre funcionam. A maioria das famílias hospedeiras ao redor do mundo tem muito prazer em receber os estudantes.

Tipos de Acomodações:

Dividir apartamento: Válido para quem vai fazer mestrado, especialização ou já fala o idioma local e vai ficar mais que seis meses no país de destino.

Alojamento de universidade: Bom para todos os tipos de intercâmbio, pois se convive com pessoas do mundo inteiro.

Hotel: Para quem pode pagar, vá em frente. Luxo e regalias são sempre bons. O ponto negativo é que você fica isolado.

Homestay: Serve para todos os tipos de intercâmbio, principalmente se você for estudar línguas. Não há nada melhor. Além disso, o preço e a convivência compensam!

Capítulo 7

Saudades, emoções e o barato que sai caro

Quando fazemos intercâmbio de um mês, é praticamente um passeio. Estuda-se, mas você sabe que tem de aproveitar bastante, porque só tem 30 dias. E o tempo voa! Mas quando você vai para ficar mais tempo, as emoções se misturam. O medo se confunde com a vontade de ir, e as dificuldades parecem maiores.

A primeira vez em que fiz intercâmbio fui com meu namorado, e ficamos um mês no Canadá, e um em mês em Nova York, nos EUA. Foi ótimo! É bom ter alguém por perto para dividir as alegrias e as decepções.

Quando cheguei ao Brasil, estava encantada com o Canadá e, como faltava apenas um semestre para terminar a faculdade, decidi que voltaria para lá para ficar no mínimo seis meses, estudando inglês e fazendo cursos na minha área de formação, o Jornalismo.

O barato sai caro

Meu grande erro, no primeiro intercâmbio, foi minha falta de experiência; no segundo, foi achar que já estava cheia dela. Resolvi procurar tudo sozinha, inclusive minha *homestay*. Achei que não precisava mais dos serviços de uma agência, e fui fazendo tudo por conta própria para ficar mais barato. Acabei me arrependendo amargamente.

Aluguei o quarto de uma mulher que eu conheci pela internet duas semanas antes de embarcar. Ela era brasileira e morava em Toronto, havia mais de dez anos, e me alugaria um quarto de sua casa por três meses.

Chegando a Toronto, peguei um táxi no aeroporto e fui para a casa dela. Ilma disse que estaria me esperando por lá, mas não estava, e morri de medo de ela não aparecer. Pensei em buscar o telefone público mais próximo e ligar para ela, mas não era possível porque tinha três malas enormes, e se as deixasse ali, na portaria, poderiam achar que era doação.

Depois de quase uma hora, Ilma apareceu correndo e me dando as coordenadas rapidamente, porque tinha de voltar para o trabalho.

A surpresa já começou quando vi meu quarto, que não era quarto. Na verdade, era uma varanda minúscula que ela havia fechado com vidros e colocado umas cortinas para quebrar a luz. Durante a semana, ela começou a se comportar de forma estranha, dizendo que eu não poderia dizer a ninguém que falava inglês, nem que morava ali na casa dela. Disse também que eu não teria uma chave da portaria do prédio, só da porta da casa. Para entrar, eu teria de ficar esperando algum morador e entrar atrás dele. Sem abrir a boca, afinal, eu não podia falar com ninguém, segundo a orientação dela.

Para completar, no terceiro dia, cheguei em casa e encontrei um menino de uns 12 anos só de cueca, vendo TV. Era o filho dela, só que, por e-mail, ela me disse que morava sozinha. Eu me perguntava o tempo todo: *Onde eu estava com a cabeça? O que estou fazendo aqui?* A pior economia da minha vida!

Deu tudo tão errado que, em uma semana, arrumei outro lugar para morar. Na verdade, fui despejada da casa da Ilma. Quando disse a ela que não daria certo essa história de ficar pedindo aos outros para abrir a portaria para mim, e que era obrigação dela me dar uma chave, ela me deu uma hora para sair da casa dela. E tive de sair! Foi um sufoco terrível que não quero passar nunca mais.

O que fiz, ao concordar em ficar na casa de uma pessoa que não conhecia, foi uma loucura. Nunca faça isso. É correr um risco desnecessário. Eu deveria ter ficado o primeiro mês na *homestay* e, nesse tempo, procurar algo mais barato ou que fosse melhor para mim.

Se a *homestay* não era o que eu queria, buscar um apartamento de forma independente foi pior ainda. Sofri muito e sozinha, pois não contava sobre minha real situação quando ligava para o Brasil. Dizia que estava tudo bem. O que eles poderiam fazer estando tão longe? Eu tinha me colocado naquela situação, eu mesma teria de me livrar dela.

Saudades

Nunca se esqueça de que a saudade existe e vai bater à sua porta todos os dias. Para quem vai para ficar um ano ou mais, a saudade parece não ter mais fim.

Para algumas pessoas, como eu, os primeiros dias são os piores. Parece que fomos tirados de nosso habitat confortável e jogados na jaula dos leões. Quando você chega, tudo é estranho, e ninguém o recebe com os braços abertos. As relações iniciais são frias, e o que você mais precisa, naquele momento, é calor. Tenho uma amiga baiana que dizia sempre: "*Preciso de calor! Calor humano, de gente! Será que esse povo não sente falta de abraçar de verdade?*". Realmente, ela estava certa. Em alguns países, os abraços são tão sem graça que valem quase nada.

Existem exceções, como um casal de Vancouver, apaixonado pelo Brasil, que abraçava, falava e ria como fazem os brasileiros. Mas a família deles não era tão receptiva. Um dia, fomos a uma cidade de praia que ficava a uns 40 quilômetros de Vancouver. Chegando lá, eles ligaram para o irmão, perguntando se poderíamos ir à casa dele. Ele disse que não, porque estava gripado. Ligaram para outro irmão, e também receberam resposta negativa, pois estavam almoçando. Por fim, paramos no barco de um amigo deles, um português, que nos recebeu até bem. Mas era tudo frio!

Depois, chegou um canadense, a pessoa mais estúpida que já conheci, que resolveu acabar com o Brasil. Como meu inglês já estava bastante afiado, não deixei por menos e respondi tudo à altura. Disse a ele: *Também sou contra o desmatamento da Amazônia, mas onde é sua casa mesmo?* Ele apontou, pois era uma mansão em cima de um morro que, do barco, podia ser vista, imponente. *Pois então* – continuei –, *o que havia ali antes da sua casa? Árvores, com certeza. Sou tão contra o desmatamento que sou contra sua casa estar ali. Vamos parar o desmatamento? Então, vamos começar por aqui, que é um país de primeiro mundo. Dêem o exemplo, assim, talvez nós, do terceiro mundo, possamos copiar vocês, como fazemos sempre.* O assunto mudou completamente.

É bom saber que algumas pessoas vão falar mal do seu país. Alguns ainda acham que vivemos na selva. Quando passar por uma situação dessas, dê respostas afiadas, sugira que a pessoa se informe melhor, mas não seja rude. Isso só piora a situação.

Pessoas ásperas e grosseiras estão por toda a parte, e, se pegarem você num dia em que está triste, aí danou-se. Tudo piora. Nos dias de frio, então... Aliás, esteja atento aos dias de frio! Eles podem ser perigosos. Muitas pessoas entram em depressão. Até hoje não me esqueço de um dia em que estava saindo de uma biblioteca e olhei para o céu às quatro horas da tarde. Tudo estava cinza, e o céu parecia que ia me engolir. Aquilo me deu uma depressão tão grande que sentia saudade até do cachorro da vizinha. Queria ver o sol, e olha que nem sou fã de calor. Mas já tinha uns dois meses que só andava com aqueles casacos pesados e cheia de roupas. Estava um pouco confusa, pois amava estar ali, mas, ao mesmo tempo, me sentia em uma prisão.

A todo o momento do intercâmbio, você pode se sentir confuso, sozinho, triste, desnorteado, com vontade de voltar, e, algumas vezes, até mesmo com a certeza de que vai voltar na semana seguinte, pois não vai mais agüentar. Todos esses sentimentos são razoáveis. Perdi a conta de quantas noites passei com minha *roommate* falando da vontade de voltar para casa o mais breve possível. E olha que estávamos nos divertindo sem parar. Tenho de admitir que esse sentimentos nos atacava mais de domingo a terça-feira. Nos outros dias, saíamos depois das aulas no *college*, íamos para festas, cinemas, e aí a tristeza dava lugar a uma alegria deliciosa. Saiba que os dias ruins terão presença certa, mas os dias bons, que são a maioria, vêm para nos fazer esquecê-los.

Quando estamos num intercâmbio de longa duração, nossa família parece que fica mais importante da noite para o dia. Uma amiga era do tipo adolescente rebelde. A mãe a enviou para a Califórnia, para fazer *high school*. Sua volta coincidiu com seu aniversário de 18 anos, e os pais resolveram fazer uma festa surpresa com tudo o que ela tinha direito. Durante a festa, a menina dizia o tempo inteiro: *"Mãe, eu te amo!"* Falava para as amigas: *"Diz para minha mãe que eu a amo? Diz para meu pai que não vivo sem ele?"* Pois é, *efeito intercâmbio*.

Claro que existem pessoas que sabem lidar muito bem com a distância. Algumas simplesmente vivem o momento, e acho isso o máximo! Elas se entregam de cabeça ao intercâmbio, e parecem separar muito bem as situações. Mas a maioria sente saudades de toda a família, dos amigos, e fica desejando fazer coisas e ir a lugares que nem valorizava tanto quando estava no Brasil. Seja como for, se você for uma pessoa chorona ou descolada, o importante é resistir e ter foco nos seus objetivos, pois a experiência compensa.

Segurando a expectativa e encarando as frustrações

A maioria dos intercambistas é uma fonte de expectativas. Em geral, todos pensam que tudo será ótimo e sem problemas. Mas as coisas não são bem assim. É certo que você tem de viver a emoção do preparo da viagem. É como dizem: "o melhor da festa é esperar por ela". Mas, nesse caso, não espere. Faça tudo o que for possível para segurar suas expectativas, pois, quando esperamos muito, acabamos fantasiando coisas que não condizem com a realidade. Além do mais, intercâmbio é uma caixinha de surpresas, em que não se sabe, realmente, o que está por vir. Sonhe, mas mantenha seus pés no chão.

Esteja pronto para as frustrações. As reclamações que mais ouvi nesses três intercâmbios foram sempre em relação à escola e à *homestay*. As pessoas reclamam do fato de ter muitos brasileiros ao redor, pois acabam se comunicando mais em português do que na língua do país em que estão fazendo intercâmbio. E isso é uma realidade. Em todas as escolas de línguas pelas quais passei, os brasileiros estavam por todos os lados. Já sobre a *homestay*, vamos falar sobre o assunto mais adiante. Mas desde já, advirto, seja realista.

Uma dica que dou em relação à escola de línguas é que, se sua intenção é ficar mais que três meses, não pague todos os meses adiantado aqui no Brasil. Porque se você chegar lá e não gostar da escola, você tem a oportunidade de buscar uma outra alternativa. Imaginemos que você vai ficar um ano. Você vai ficar 12 meses em uma escola na qual você está falando mais português do que a língua do país? Não dá certo. Mas, e se você chegar lá e adorar a escola? Sem problemas, é só pagar os próximos meses que for estudar diretamente na secretaria da escola, ou pedir que alguém faça isso aqui no Brasil na sua agência.

A dica da escola serve apenas para quem for estudar línguas. Se você vai fazer uma pós-graduação, um mestrado, por exemplo, você já tem de ver tudo daqui mesmo.

Prepare-se para aceitar as novidades, mas também as dificuldades e frustrações, que vêm na mesma proporção. Nada de viajar achando que uma fada madrinha vai estar sempre ao seu lado, fazendo tudo ficar do jeito que você sonhou. Aproveite, mas lembre-se de que nem todos os dias serão dias de alegria. Em alguns, você vai precisar de um colo amigo para chorar, e nada melhor que seus mais novos amigos para lhe dar apoio. Afinal, eles vão saber exatamente o que você está sentindo, e, em algum momento, você é quem estará dando colo. E isso independe da idade. Minha mãe fez intercâmbio aos 42 anos de idade e sempre dizia que foi uma experiência sem igual, mas que, em muitos momentos, queria vir embora de tanta saudade e tristeza.

A boa notícia é que dias ruins passam e as frustrações podem ser contornadas. Quando um problema apontar, busque resolvê-lo. Não tenha medo, o intercâmbio nos dá um poder que pensamos nem mesmo ter dentro de nós. No caso da Ilma, por exemplo, tenho certeza de que, se estivesse no Brasil, eu já teria corrido para o colo de alguém e gritado por ajuda. Mas, por fim, tive de resolver tudo sozinha e vencer alguns medos. Depois de tudo, o saldo foi positivo.

Capítulo 8

Choque cultural

O choque cultural é uma das partes mais interessantes e ricas do intercâmbio. Você realmente se sente um peixe fora d'água, e isso é o máximo! É como se você estivesse voltando para o seu primeiro dia na escola. Não conhece ninguém e vai ter de dar o melhor de si para conquistar novos amigos. Só que com um agravante: a barreira da língua. Eu mesma passei por cada aperto que hoje dou risadas, mas, na época, pareciam um tormento que não tinha fim.

Visitando o médico

As diferenças culturais ficam evidentes a todo o momento, seja na *homestay*, na escola de línguas, na faculdade (se for o caso de mestrado ou doutorado), nos *colleges*, enfim, em toda parte existem inúmeros desafios. Até mesmo quando se precisa de um médico, o choque cultural é inevitável. No meu segundo intercâmbio, por exemplo, meus olhos começaram a ficar vermelhos como fogo. Como uso lentes de contato, pensei que esse fosse o problema, e passei a usar apenas óculos, mas o problema persistiu e fui ao médico. Fiquei meio perdida e não acionei o seguro saúde. Decidi ir a um médico de família, indicado por uma amiga que já morava em Toronto havia 11 anos. Minha *roommate* foi comigo.

Já me espantei ao chegar. O consultório era dentro de uma farmácia. As cadeiras de espera ficavam em meio às caixas de remédios. Lá, medicina é de graça para todos, mas como não sou canadense, nem imigrante, paguei 40 dólares canadenses e fui atendida por uma japonesa, que me deu uma olhadinha bem ligeira, falou rápido como um foguete, e me disse que eu não poderia usar as lentes durante sete dias. Receitou uma pomada e disse que, se em uma semana não melhorasse, eu teria de voltar para ela me encaminhar para um especialista em visão, ou seja, um oftalmologista, pois ela era apenas clínica geral.

Saímos do consultório sem entender muita coisa, mas juntamos o pouco que entendemos e fizemos uma interpretação. Uma semana se passou, e voltei a usar as lentes. Feliz da vida. Só que, dez dias depois, a vermelhidão voltou, e muito pior. Acordei um dia sem enxergar e voltamos correndo para o médico.

Chegando lá, a médica que havia me atendido da primeira vez não estava. Então, o irmão dela, também médico, me atendeu. Tive de pagar mais 40 dólares canadenses, contar a história toda de novo, pois eles não tinham minha ficha, e ouvir que eu não iria poder usar lentes nunca mais na vida! Com o pouco que estava enxergando, disse-lhe que não aceitava, e que queria ser analisada por um especialista, e que, no meu país, nunca iria ser tratada por um clínico geral quando, na verdade, o meu problema era para ser resolvido por um oftalmologista. Pois o médico me disse, com seu inglês perfeito, que eu não estava no Brasil e que não ia me dar o encaminhamento para o especialista. E continuou dizendo que teria de usar os remédios que ele estava me receitando, e que, se não melhorasse em uma semana, teria de voltar lá, pagar mais 40 dólares canadenses, e só aí ele me daria um encaminhamento para o especialista, quando teria de pagar mais 100 dólares canadenses para ser atendida. O oftalmologista só me atenderia se eu tivesse um encaminhamento desse clínico geral. Como se fosse uma triagem.

Naquele dia, voltei para casa chorando. Liguei para minha mãe no Brasil e pedi ajuda, com medo de ficar cega. Dei valor a uma coisa tão simples que era ter um plano de saúde e ir a um médico que soubesse exatamente o que estava acontecendo comigo. Poder ir a um oftalmologista sem precisar implorar uma autorização de um clínico geral. Mas, por fim, tudo se resolveu. Fiz uma consulta, por telefone, com meu médico no Brasil, enviei as fotos dos meus olhos pela internet, e ele me mandou usar apenas lágrimas artificiais, que eram vendidas em qualquer farmácia por 15 dólares canadenses. Comprei o colírio, usei e melhorei. Mas, além do tempo perdido indo a médicos que não me ajudaram em nada, gastei 80 dólares canadenses.

Tudo num intercâmbio pode colocar suas crenças à prova, não só sua forma de ir ao médico, mas sua forma de se vestir, de comer, e, principalmente, de se relacionar com as pessoas. Num vôo para a Europa, conheci Luciana, de 26 anos. Ela tinha feito intercâmbio na Itália por quatro meses. E me relatou:

> *Minha* hostmother *me pediu que tomasse banho três vezes por semana. Como sabia que meus banhos eram demorados, me propus a ser mais rápida, mas continuar tomando banho todos os dias. Para minha surpresa, ela concordou com facilidade, mas ficava cronometrando o tempo que eu passava embaixo do chuveiro. Para tentar resolver, passei a tomar banhos muito*

mais rápidos. Algumas vezes não demorava nem dois minutos. Por fim, percebi como gastamos água sem necessidade no Brasil.

Quando você vai para um intercâmbio, tem de ter em mente que é um choque de culturas, e isso é o que você está buscando. Foi você quem quis estar ali. Ouço brasileiros reclamando de tantas coisas quando estão fazendo intercâmbio, que me pergunto por que gastaram tanto dinheiro para ir para outro país só para reclamar e ressaltar as coisas ruins do local. Muitos reclamam das leis que não permitem que se consuma bebida alcoólica na rua. Se isso é um grande problema para você, procure um país em que possa beber em praça pública até o sol raiar.

Outra reclamação que se ouve sem parar é sobre a comida. Parece que, do dia para a noite, a comida brasileira vira prato de *chef*, porque as pessoas reclamam tanto que a comida é pouca, ou que o sanduíche é ruim, ou que não tem feijão! Se quer ter comida brasileira todos os dias, escolha uma família brasileira para hospedá-lo. A comida de outros países não é ruim, só é diferente.

Aprendendo a comer de tudo

A viagem para Seattle não foi a única que fiz num *tour* coreano. Também fui para *Rocky Mountains,* no Canadá, com eles, porque seus pacotes eram sempre os que ficavam mais em conta. Porém, a economia tinha seu preço. Eu pagava barato, mas tinha de me sujeitar a algumas regras do pacote. A comida já estava incluída e, por isso, não tinha escolha. O café da manhã, o almoço e o jantar eram em restaurantes coreanos, e com tempo cronometrado. Não tínhamos a opção de buscar outro local para comer. Foram quatro dias de comida coreana no café, no almoço e no jantar. Para piorar a situação, não como carne e eles comem bastante.

Meus amigos de excursão comiam sopa de algas e arroz no café da manhã. Tudo era exageradamente apimentado, e eu ficava imaginando como comeria aquilo. Quando já estava quase começando a querer reclamar, me dei uma advertência e passei os quatro dias comendo bastante arroz com legumes. Separava a carne e tomava dois litros de água a cada garfada, por causa da pimenta. Só no café da manhã é que não deu para suportar. Conversei com o guia, e ele conseguiu umas fatias de pão com ovo para mim, para minha amiga, que também era brasileira, e para o motorista do ônibus, que era canadense. Poderia ter reclamado, mas aproveitei e tirei ótimas fotos da comida e, quando a fome apertava, abria um pacote de batatas e pronto. Sem crise nem reclamações. Hoje, dou risadas ao lembrar das vezes em que tentei comer o arroz com os pauzinhos que eles habilidosamente manejavam. Tive de lançar mão do garfo.

Essa viagem com os coreanos também foi boa para observar que nós, brasileiros, somos tão preconceituosos como qualquer outro povo. Ficamos bravos quando as pessoas acham que Brasil é só mulher pelada, samba, futebol e Amazônia, mas podemos ser tão ignorantes como qualquer um, de qualquer nacionalidade. A primeira coisa que eu perguntava quando começava a conversar com alguém na excursão, era: "*Vocês comem carne de cachorro?*". Os mais jovens ficavam tão bravos quanto nós ficamos quando nos fazem esse tipo de pergunta sobre nossa cultura. Depois de muita insistência da minha parte, uma menina, muito simpática, me explicou que os mais antigos até comem, mas que ela, com 26 anos de idade, nunca tinha nem provado e morria de nojo. Mas admitiu que todo mundo lhe fazia essa pergunta, o tempo todo.

Quem vai para um programa de *au pair*, por exemplo, tem de estar com a mente bem aberta para o choque cultural. Você está indo para a casa de uma família, na qual terá de se enquadrar às regras, à rotina e ao dia-a-dia não só das crianças, mas de toda a família. Além do mais, o contato é muito próximo. Você não poderá, simplesmente, entrar e sair à hora que quiser, como no caso de um intercambista que está em uma *homestay*. Você terá de se adaptar aos horários das refeições e tudo o mais. Esteja preparado, como Larissa, de 23 anos, que foi ser *au pair* em uma família de descendentes de paquistaneses. Ela não suportava a comida feita por eles, mas teve de aceitar, pois não tinha tempo nem paciência de preparar sua própria refeição.

Esteja pronto para se adaptar! Viva a cultura do local independentemente do tempo ou do tipo do seu intercâmbio. É importante que você se adéqüe ao novo país e não ele a você. Se não, procure um curso aqui mesmo no Brasil, ou uma excursão com um guia que fale sua língua. Fica mais fácil, cômodo e barato.

Drogas

Esta é uma das dicas mais práticas, rápidas e diretas que posso dar: nunca use drogas. Se aqui já é um risco à sua saúde, imagine num país desconhecido.

Elas vão estar sempre à mão. Não somos o único país do mundo que não consegue controlar o uso e a venda ilegal de drogas. Esse é um problema mundial. Não é papo de gente careta, mas você estará em outro país, com pessoas que não conhece, e é o único responsável por você mesmo. Existem tristes histórias de pessoas que usaram drogas, acabaram com o intercâmbio e estragaram uma parte importante de suas vidas.

Na minha escola de línguas, rolava uma história triste de uma menina que nem drogas usou. Ela bebeu além do limite e, no meio da animação do *pub*, colocaram algo na sua bebida, sem que ela visse, e a única coisa de que se lembrava era de ter acordado dentro de uma cabine telefônica, completamente desnorteada. Quando chegou em casa, percebeu que estava sem calcinha, e que sua calça *jeans* estava cheia de sangue. Voltou para o Brasil dois dias depois, em desespero.

Pessoas de má índole podem estar em qualquer lugar, a qualquer momento; por isso, é bom que você esteja bastante lúcido para saber se defender e aproveitar só o que seu intercâmbio tem de melhor.

Tive uma *roommate* que foi para uma *rave* e, influenciada por alguns amigos, resolveu tomar um comprimido que deram a ela com a promessa de que sentiria altas ondas. E sentiu. No dia seguinte, me contou que foi ótimo, mas que tinha sido a única vez. Só queria saber como era, experimentar. Terminou seu discurso dizendo que vício era coisa de quem não tinha autocontrole. O final de semana seguinte chegou, e ela não conseguiu resistir; disse que a sensação tinha sido muito boa e que precisava tomar só mais uma vez. Fiquei com vontade de perguntar para onde tinha ido o tal do autocontrole.

Na manhã seguinte, domingo, fui acordada por alguém batendo à porta. Era minha *roommate,* sendo quase carregada pelo rapaz que tinha dado a droga a ela. Fiquei sem saber o que dizer ou fazer. Ela estava tão desnorteada que era digna de pena. Dizia umas coisas sem pé nem cabeça. O menino a despejou lá em casa, disse que a droga tinha descido errado, que ela estava obcecada, e foi embora me deixando com aquela bomba na mão. Ela dizia que era bom o moço ter ido embora porque ele a estava perseguindo, e o taxista também. Enquanto contava essas novidades, apertava meu braço sem parar. Ridículo, não? Quando a onda dela passou, eu a chamei para conversar, e disse que ela poderia fazer o que quisesse com a vida dela, mas que da próxima vez eu ia para a rua tomar café, e ela que fugisse sozinha dos seus supostos perseguidores.

Você não precisa de droga nenhuma para ter o "barato". O "barato" já é o intercâmbio, sua vida, você! Não vale a pena arriscar meses, anos de preparo, por alguns minutos de onda. Lembre-se disso, ok? Seja esperto, não há nenhum motivo que justifique o uso de drogas.

Usar drogas para fugir de problemas é furada. Você acaba arranjando outro problema bem pior: o vício. Não entre nessa.

Amigos

Esteja preparado para fazer muitos amigos. Assim como você, pessoas de todas as partes do mundo também estão ávidas por conhecer gente nova e aproveitar para praticar o idioma.

No caso de intercâmbio para aprender um idioma, a própria escola de línguas organiza festas para os alunos se entrosarem. Se você quiser, há festas todos os dias, e a alegria é garantida.

Seja na Nova Zelândia, na França, na Itália ou na Austrália, quem está em um intercâmbio quer diversão e quer conhecer novos amigos. Só não esqueça dos seus objetivos. Muitas pessoas começam a perder aula, a chegar atrasadas e vão esquecendo o que realmente foram fazer no país.

Nunca perca seu foco. Amigos, de qualquer nacionalidade, são boas aquisições em qualquer parte do mundo, mas seus objetivos devem estar sempre em primeiro lugar.

A vontade de ficar perto dos iguais é inevitável! Por isso, nós, brasileiros, acabamos sentindo uma atração por estar perto dos próprios brasileiros e dos latinos, principalmente mexicanos. Mas lembre-se de que você está num intercâmbio para conhecer pessoas de todas as nacionalidades. É uma oportunidade única e enriquecedora de fazer amizade com pessoas de todas as partes do mundo. Evite ficar com os brasileiros. Não é preconceito, mas, além de prejudicar a prática do idioma, isso o impede de conhecer pessoas de outros países. Veja este depoimento:

> *Já tinha feito* high school *nos EUA, e depois, com 20 anos, fui para a Inglaterra passear e aproveitei para fazer o curso de um mês de inglês, só para praticar. O bom foi que, dessa vez, tive a oportunidade que não tive quando fiz* high school. *Dessa vez, pude conhecer gente de todo o mundo! Não fiquei só com os americanos. Em Londres, conheci uma árabe, da minha idade, que tinha acabado de se mudar para lá com o marido. Foi enriquecedor. Eu tinha outra visão dos muçulmanos. Descobri que, por baixo dos véus, as mulheres usam roupas lindas e sensuais. Foi um mês conhecendo tudo sobre a cultura árabe e adorei!*
>
> *Geane, 27 anos, de Salvador*

Esteja aberto a todas as culturas! Mesmo que algumas pessoas lhe pareçam estranhas à primeira vista, invista em novas amizades. Vale a pena.

Evite o português

Esta parte é específica para quem está indo aprender línguas. Seja aonde for, em qualquer parte do planeta, você vai encontrar pessoas de sua nacionalidade, estudando na mesma escola e, em alguns casos, na mesma sala. Se seu objetivo é esquecer totalmente seu idioma e praticar ao máximo a língua estrangeira, vá para o interior. Você perde nas opções de lazer, mas ganha na prática do idioma. Digo isso porque, de todas as histórias e de todos os depoimentos que ouvi, este foi um dos pontos de maior decepção das pessoas de todas as idades:

> *A agência me falou que eu poderia encontrar alguns brasileiros na escola, mas nunca na minha sala. Fiquei furiosa quando percebi que os idiomas oficiais na escola eram espanhol, japonês e português. Cheguei a estudar numa sala em que, dos oito alunos, cinco éramos brasileiros. Troquei de sala, mas ainda assim estudei com brasileiros. Como era um programa de um mês, aproveitei o que pude das aulas e encarei como uma viagem de turismo.*
>
> *Marta, 32 anos*

> *Quando saí do Brasil, estava nervoso. Tinha um inglês razoável, mas achava que meu inglês de curso não ia dar conta. Cheguei à* homestay *no domingo e quem me recebe? A dona da casa e um brasileiro! Ela me explicou que o rapaz sairia em uma semana, mas não foi o combinado com a agência. Na hora das refeições, em que podíamos praticar o inglês, eu ficava envergo-*

nhado de falar, porque o menino já estava lá havia cinco meses e dava umas risadinhas quando eu falava errado.

Jorge, 29 anos

O pior de tudo era ver a plaquinha no corredor da escola: "só fale inglês". Como? A escola era cheia de brasileiros, e, depois das aulas, as pessoas se dividiam em grupos e acabavam falando em suas próprias línguas. Eu até tentava falar só em inglês com os brasileiros, mas confesso que parecíamos ridículos e até nos prejudicava, porque, às vezes, eu os ouvia falando alguma palavra e, depois, quando ia tentar usar em alguma frase, percebia que estava errada. Era gente que falava pouco, conversando com quem falava menos ainda.

Bia, 19 anos, que ficou dois meses em Chicago

Minha filha já tinha feito intercâmbio. Quando ela ligava dizendo que estava falando português com alguns brasileiros, eu queria matá-la. Afinal, aquela viagem estava me custando muito caro para ela ficar seis meses em outro país falando português. Aos 42 anos, pedi demissão do meu emprego e fui passar um ano no Canadá. Senti vergonha de ter dado tanta bronca na minha filha. Por mais que eu tentasse me afastar dos brasileiros, era como se eles aparecessem do nada. Nos períodos de muita neve, em que todos ficam tristes, era na conversa com os brasileiros que encontrava um pouco de calor.

Minha própria mãe

Se seu objetivo é aprender um idioma, seja inglês, alemão ou japonês, busque locais pequenos, cidades menores. O mundo está globalizado e há conterrâneos onde menos se espera. É só entrar no Orkut, por exemplo, que você vai achar comunidades de brasileiros no Canadá, na França, no Azerbaijão e por aí vai, é só procurar. Busque locais menos visados. Tenha foco no seu objetivo: aprender o idioma, seja ele qual for.

Na excursão para *Rocky Mountains*, com os coreanos, tive uma surpresa ao saber que o guia era coreano, mas havia morado 27 anos no Brasil, ou seja, falava português fluentemente. Ao nosso lado, um coreano, de 26 anos, tinha acabado de voltar do Brasil, onde ficou por duas semanas passeando com amigos paulistas que conheceu durante os nove meses em que morou Calgary.

Para completar, em um determinado momento da viagem, paramos em um parque florestal, em que tínhamos de pegar um teleférico para subir até o alto da montanha. Em cada cadeira, iam quatro pessoas. Sentamos eu, minha amiga e um casal de coreanos. Todos calados, admirando a paisagem e o coreano solta: *"A maré não está para peixe..."*. Nós nos olhamos, pensando que as montanhas estavam falando português. E ele continuou: *"Eu gosto de chocolate, sabia?"*. Quase despencamos das frágeis cadeirinhas do teleférico. No ano anterior, o coreano tinha feito intercâmbio na Austrália por oito meses para aprender inglês e adivinhem? Surfava todos os dias com brasileiros, e ainda morava na mesma *homestay* que uma menina do Brasil. Por isso, se aprender a língua é seu único objetivo, já chegue na agência perguntando se ela tem alguma cidade no interior do Alasca ou da Bósnia. Peça a lista de locais menos escolhidos e escolha o *top*.

Tenha foco no seu objetivo. Grandes cidades oferecem grandes oportunidades de lazer, mas suas chances de estar com brasileiros por perto aumentam. Se você for para a Europa, por exemplo, pode escolher uma cidade pequena e, no fim de semana, pegar um trem para os grandes centros e aproveitar bastante.

Existe uma infinidade de opções e possibilidades. Seja claro com sua agência ao dizer que quer um local em que haja poucos brasileiros.

Como em todos os passos do intercâmbio, esse é mais um em que você tem de saber o que quer e escolher com cautela. Afinal, ninguém quer ficar preso em uma fazenda no fim do mundo, mas você também não saiu da sua terra e gastou seu dinheiro para passar um mês, seis meses, ou um ano falando português!

Capítulo 9

Intercâmbio não tem idade

A cada dia que passa, mais pessoas descobrem que intercâmbio não é só programa para adolescentes e jovens, mas sim uma experiência para todas as idades. Intercâmbio é aprendizado e não existe idade limite para viver novas aventuras.

Há algum tempo, conheci Maria Helena, que aparentava ter não mais que 40 anos, mas já tinha passado dos 50. Talvez sua alma jovem fosse tão forte que não deixava os anos deixarem suas marcas em seu rosto. Eis o que ela me contou de seu intercâmbio:

> *Tenho 52 anos e sou casada há 30. Sempre quis conhecer Paris e estudar fora. Quando fui à agência matricular minha filha no* high school, *comentei sobre meu desejo, e a atendente me ofereceu o programa de um mês de estudos na França. Na hora fiquei meio apreensiva, principalmente porque meu marido disse que não iria comigo de jeito nenhum. Como ninguém nasceu grudado, respeitei a decisão dele e, um mês depois de minha filha embarcar para os EUA para fazer o* high school, *eu estava embarcando para um mês maravilhoso na França. A maioria dos alunos da minha turma eram bem mais novos, mas me adaptei muito bem e voltei tão revigorada que retornei aos bancos escolares e fiz uma pós-graduação.*
>
> Maria Helena, 52 anos

Algumas pessoas não lidam tão bem com a diferença de idade, como Maria Helena, o que é compreensível. Mas nem isso, hoje em dia, é mais desculpa para não embarcar num intercâmbio. É só procurar um programa que se adéqüe às suas necessidades, com pessoas da sua idade, e que tenham os mesmos objetivos. Um curso técnico, aliado ao aprendizado da língua, pode ser uma excelente escolha.

Hoje se faz de tudo na *melhor idade*, não é verdade? Um dia desses, vi na TV um homem que estava começando uma nova faculdade aos 72 anos! Então, por que não fazer um intercâmbio? Quer coisa melhor do que aprender uma nova língua para manter o cérebro ativo?

Os especialistas já provaram que aprender idiomas é um santo remédio para a memória. Em todas as idades! Conheço um senhor de 60 anos que se aposentou e foi aprender russo. Isso mesmo, russo! Corajoso, não? Quando ele me mostrou o alfabeto e as falas, pensei comigo: *"Se aprender línguas ajuda a manter a memória, esse cara não vai perder a dele nunca. Porque quem memoriza essas palavras estranhas, memoriza qualquer coisa"*.

Se você se divorciou, ficou viúvo, ou aposentou-se, que tal fazer um intercâmbio? Você pode montar um programa personalizado. Vou dar um exemplo: Se você foi uma executiva durante a vida inteira, mas sempre sonhou em aprender a cozinhar, que tal um intercâmbio de uns três meses na Itália ou em Paris? Nos dois primeiros meses, aprimora o idioma, e, no terceiro, faz um curso técnico ou um curso livre de culinária. Não seria o máximo? Ai que inveja!

Vá em frente! Entregue-se ao intercâmbio! Viva essa emoção! Busque uma agência e divirta-se! Busque a melhor opção e aproveite as delícias da aventura. A idade está dentro da nossa cabeça.

Capítulo 10

Ficar ilegalmente no país

Como o próprio nome já diz, essa não é uma situação legal. Muita gente é deportada e isso não é história, é a pura verdade.

As pessoas que embarcam para intercâmbio e decidem morar fora do país ilegalmente acabam perdendo o foco, largam os estudos e, por fim, isolam-se em guetos ou em comunidades em que falam apenas a língua do país de origem.

Não se iluda com o dinheiro que você recebe facilmente. As profissões exercidas pelos ilegais, em sua maioria, são aquelas que as pessoas do país não querem exercer e, além do mais, para juntar dinheiro e pagar as contas de moradia, alimentação e despesas em geral, é preciso trabalhar muito, e isso não combina com o objetivo de um intercambista, que é estudar, praticar o idioma, fazer amigos, conhecer uma nova cultura e ser respeitado porque está legalmente num país.

Quando comecei a escrever este livro, recebi o e-mail de uma amiga que estava morando fora. Ela dizia o seguinte:

> *Desculpe não ter escrito antes, mas minha vida está muito corrida. Trabalho sete horas durante o dia, em um prédio enorme, checando o papel nos banheiros e na cozinha, e à noite eu limpo um escritório até as quatro da manhã. Parei de estudar, mas, no próximo semestre, volto para a escola. Assim espero.*

Três meses depois, recebi um novo e-mail, dessa mesma amiga, que dizia que ainda não tinha voltado a estudar, mas assim que o trabalho desse uma folga ela voltaria às aulas de inglês. Fiquei me perguntando quem tinha de dar folga a quem. Ela estava lá para estudar ou para ser mais uma ilegal? Cada um tem seus motivos, mas quando a conheci, ela queria falar inglês fluente para voltar ao Brasil e terminar a faculdade. Pelo visto, ela desistiu da faculdade e do idioma.

Um dia, fui a uma imobiliária, aqui no Brasil, colocar um apartamento para alugar e – não me pergunte por qual razão – a atendente começou a me falar que havia três meses tinha voltado de Portugal. Foi fazer uma um curso de especialização, mas, por fim, já estava trabalhando ilegalmente havia um ano, não tinha mais tempo para estudar e acabou voltando para o Brasil porque, segundo ela, a polícia estava fazendo muitas batidas na região em que morava, e ela ficou com medo de ser deportada. Achou melhor retornar voluntariamente:

> *Além do medo, que era constante, percebi que não estava valendo a pena. Trabalhava muito e ganhava mil euros por mês. As pessoas aqui no Brasil achavam que eu ganhava uma fortuna. Até seria, se eu gastasse em reais. Só que minhas despesas eram em euros. De aluguel e comida, eu gastava 600 euros. Para completar, tinha largado a pós-graduação, que foi o que me levou a Portugal. Não tinha tempo para mais nada! Decidi voltar para o Brasil e não me arrependo.*

Pense bem antes de ficar ilegalmente em um país. Planeje, estude no seu próprio país e, depois, tente uma oportunidade fora. Países como o Canadá, por exemplo, estimulam a imigração para pessoas capacitadas. Os EUA têm a loteria do *green card*. Você pode trabalhar na sua área de atuação, legalmente, e receber todos os benefícios de um cidadão do país, sem ter de estar sempre preocupado com as autoridades locais.

Intercâmbio não combina com ilegalidade. Lembre-se sempre disso. Cada um tem seus motivos, suas razões e suas dores, mas intercâmbio é experiência de vida, e trabalhar ilegalmente pode lhe custar problemas com a justiça. Se liga!

Capítulo 11

Voltando para o Brasil

Quando o intercâmbio dá certo, voltamos com o coração pesado, já com saudades de tudo o que vivemos. Mas pisar no solo brasileiro pode ser a melhor parte! Quando via intercambistas chegando de viagem nos aeroportos, morria de inveja de ver as pessoas com cartazes esperando-os. Aquela alegria de recebê-los e tê-los por perto novamente me emocionava. Achei que nunca sentiria essa emoção, porque acreditava que ela era a cara de quem volta do *high school*, e como não era meu caso... Mas, na volta do segundo intercâmbio, ganhei uma recepção digna de rainha!

Valeu esperar tantos anos. Minha mãe e minhas amigas organizaram um verdadeiro carnaval no aeroporto. Levaram faixas enormes com minha foto, e cada um vestia uma camisa com uma foto minha estampada em que estava escrito: amiga internacional, avó internacional, afilhado internacional, mãe internacional, e por aí vai. Para completar, levaram confete, flores, perucas de palhaço, cornetas e gritavam meu nome sem parar. O saguão todo parou para olhar. Por isso, uma dica para os que ficam: programem uma *big* recepção! Independentemente da idade, é uma delícia ser tão bem recebido. O melhor mico do mundo!

Depois da festa, a realidade. Quem mora fora por um tempo tem uma sensação estranha quando volta para o Brasil. A principal é em relação à violência. Se não todas, a maioria das pessoas volta com uma impressão ruim, de que vai ser assaltada a qualquer momento. Isso gera até mesmo uma sensação de falta de liberdade de ir e vir tranqüilamente. Poder andar na rua de madrugada sem medo é algo que não podemos pensar em fazer em nosso país, até mesmo em cidades do interior. Isso me deixa muito triste, pois, quando você mora fora, vê o quão natural pode ser andar no centro de uma cidade durante a noite sem ter tanto medo de ser assaltado.

Muitas pessoas com as quais conversei dizem que a primeira sensação é a de medo. Por isso, aproveite a liberdade. Não que em outros países a violência não esteja presente no dia-a-dia, mas a proporção é infinitamente menor.

A sua família também parece que, do dia para a noite, torna-se mil vezes mais importante para você. Aproveite esse momento, é uma delícia rever os parentes.

Seus amigos parecem que o redescobrem. Quando estava fora, recebia e-mail e mensagens no Orkut diariamente, aos montes. Depois de uns dois meses de volta ao Brasil, minha caixa de mensagens já registrava o fluxo normal. Pode ser muito bom você aproveitar essa popularidade para fazer um blog. Nele, você pode mostrar seu dia-a-dia, as coisas legais e interessantes do país, e manter sua família e amigos atualizados.

Se seu intercâmbio lhe trouxe boas experiências, você pode sentir uma vontade imensa de ficar mais um pouquinho. É uma luta interna que travamos, numa mistura de sentimentos. Voltamos felizes por rever pessoas que amamos, por poder falar nossa língua e ter luxos que fora daqui não temos. Ao mesmo tempo, sentimos falta da modernidade do outro país, das alegrias, dos novos melhores amigos do intercâmbio, das festas e dos lugares lindos que conhecemos. Mas, fique tranqüilo, aos poucos vai passando e você se adapta à vida normal. Agora, se não passar... Então, acho que é hora de pensar em fazer um novo intercâmbio ou quem sabe imigrar legalmente para fora do Brasil.

Uma das minhas *roommates,* no meu segundo intercâmbio, está providenciando a documentação para dar entrada no processo de imigração. Desde que voltou do Canadá, há quase três anos, ela quer emigrar. Diz que a única coisa que tem de certa na sua vida é que ela vai voltar para Toronto e morar lá. Por isso, está ganhando um pouco mais de experiência em sua área profissional aqui no Brasil, e juntando a documentação exigida. Daqui a alguns anos, poderemos ir para o país do *maple* e ficar na casa dela!

Quando nossa viagem está chegando ao fim, vai dando um frio na barriga, uma ansiedade boa... Curta ao máximo esse momento! Compre todas as lembrancinhas que quiser, vá a todas as festas, a todos os lugares que vão deixar saudade, gaste seus últimos centavos! Aproveite essa sensação de vontade de ficar, mas, ao mesmo tempo, de vontade de ir embora. Lembra quando você estava para embarcar e deu friozinho na barriga de não saber o que estava por vir? A sensação da volta é quase a mesma. Só que agora você está voltando para casa.

Mas, e se você decide que quer ficar mais? Sem problemas. Analise seu financeiro, as vantagens de ficar e gastar mais dinheiro, e as oportunidades. Se você acha que pode ficar, que será o melhor para você, e que seu visto permite, ok. Por que não? Cada um sabe o que é melhor para si. Mas minha dica é uma só: não se deixe levar pela emoção. O intercâmbio, quando dá certo, parece ter algo mágico. Lembra quando falei que o melhor do intercâmbio era que ele lhe mostrava que você podia ir mais longe do que um dia você poderia ter imaginado? Então, essas emoções e sentimentos podem estar confundindo você, pois quando decidimos ficar, o encanto parece perder um pouco do seu efeito. Afinal, aquela passa a ser a sua nova casa, e a rotina, as contas, e os problemas vão bater a sua porta, esteja você no Brasil ou no exterior.

Se você vai voltar, como manda o figurino, minha dica é esta: aproveite os últimos dias, porque essa sensação de despedida é triste, mas deliciosa! Como tudo no intercâmbio, ela é única!

Capítulo 12

Um toque final

A proposta deste livro não é mostrar todos os tipos de intercâmbio existentes no mundo. O principal objetivo é dizer que fazer intercâmbio é possível. Sem dúvida, você vai encontrar um programa que se encaixa nos seus desejos, nos seus objetivos e no seu bolso.

Os intercâmbios são tantos e tão variados que se você quiser estagiar em uma fazenda, você pode. Se quiser ir para países em desenvolvimento, para passar de um a três meses fazendo trabalho voluntário enquanto pratica a língua, isso também é possível. Se você estuda culinária e quer aperfeiçoar seus dons na Itália, mãos à obra.

É só procurar uma agência ou buscar por conta própria. Se você é um executivo e deseja fazer intercâmbio, mas prefere ficar perto de pessoas que tenham os mesmos interesses que você, é só arrumar as malas.

Eu tinha vontade de ficar estudando na França por um tempo, mas o custo é bastante alto. Analisei e percebi que o investimento não compensaria os benefícios. A única alternativa que me restava era o *au pair*. Não me arrisquei. Decidi aprender francês aqui no Brasil mesmo. Por quê? Porque, como já disse anteriormente, não tenho coragem de cuidar dos filhos de outra pessoa. Acho muita responsabilidade. Talvez essa tenha sido a maior lição que aprendi nos meus intercâmbios e viagens: ser seletiva, ter foco em minhas metas e me respeitar.

Quando estava fazendo intercâmbio, ouvia sempre as pessoas dizendo: *"Mas minha agência não me falou nada disso"* ou *"Como você sabia daquilo?"*. A resposta é simples: eu buscava, pesquisava e nisso me empenho até hoje. Quanto mais viajo, mais aprendo. Cada viagem é uma experiência diferente. Em cada intercâmbio, busco novas oportunidades.

O mundo está cheio de oportunidades

O mundo está, realmente, borbulhando oportunidades. Já perdi a conta de quantos amigos me disseram que têm o sonho de fazer intercâmbio. Sempre insisto em mostrar a eles que é mais fácil do que imaginam. Não é um bicho-de-sete-cabeças e, sim, um projeto. Afinal, você tem de planejar financeiramente e, também, em relação ao seu tempo. Tem de planejar sua ida, período no exterior, e sua volta. Se bem planejado, seu projeto só trará alegrias.

A maioria das pessoas que encontrei em meus intercâmbios e viagens não sabia a metade do que eu sabia, simplesmente porque não se planejaram nem pesquisaram. Assim, não aproveitavam as oportunidades que pulavam em seus braços.

O maior erro que você pode cometer é viajar achando que tudo vai ser um sonho e que é só comprar o pacote na agência que as coisas se ajeitam. Não é bem assim. É preciso que você esteja atento a todos os detalhes e tome todas as precauções possíveis. Só assim você consegue minimizar as chances de os problemas aparecerem.

Intercâmbio é uma fonte de oportunidades, de contatos e de aprendizado, não só da língua, mas também da vida. Conheci muitas pessoas que saíam da aula depois do almoço e iam para casa ver TV ou estudar sozinhas. Outras saíam *todos os dias* para passear com brasileiros! Para não cometer o mesmo erro, saiba que você pode ir a bibliotecas, que são maravilhosas, pegar livros, usar a internet, conhecer pessoas ou participar de palestras sobre temas variados, que o ajudam a praticar o *listening*. Você pode ir para uma praça ler jornal, ir ao cinema, convidar um amigo (que não seja brasileiro) da escola para bater um papo à tarde, enquanto praticam o idioma. Além de todas essas alternativas, você pode estagiar.

Se for fazer *work experience*, leve uma gramática e um dicionário e dê uma olhada sempre que puder. Quando voltamos de viagem, os amigos, parentes e o mercado de trabalho não querem saber nossos motivos; a única coisa que nos perguntam e cobram é o domínio do idioma.

Não tenho dedos para contar quantas pessoas conheci que, simplesmente, abandonaram as aulas. Muitos brasileiros vivem fora do Brasil há anos e não sabem se comunicar na língua local. Tenha foco em suas metas. Saiba o que quer e busque o melhor intercâmbio para as suas necessidades. Afinal, o único beneficiado será você.

Saia, aproveite, curta, ria, chore, mas faça tudo pensando que, quando voltar ao Brasil, terá atingido seus objetivos, e seu investimento terá valido a pena. Não decepcione quem acredita em você, mas, principalmente, esteja sempre tranqüilo para acertas contas com você mesmo.

Intercâmbio é felicidade

Não deixe a emoção e a ansiedade tomarem conta da situação. Antes de fazer qualquer tipo de investimento, é preciso tomar todos os cuidados possíveis. Fique atento, seja cauteloso e aproveite. Intercâmbio é felicidade!

Meu maior objetivo com este livro é dar uma força para quem está indo, e um empurrão em quem está em cima do muro, com um medo que imobiliza. Medo é sempre bom porque nos faz ter cautela, mas, em excesso, não deixa você fazer nada, e não é para isso que viemos ao mundo, não é verdade?

Se você chegou até aqui, é sinal de que está a fim de fazer intercâmbio. Não tenha medo. Há um mundo inteiro esperando por você!

Boa viagem!

APÊNDICE 1

Dez passos para você programar seu intercâmbio

Passo 1 - Peça informações às pessoas que já fizeram intercâmbio; elas são as melhores fontes!

Passo 2 - Procure uma empresa que possa viabilizar seu intercâmbio. Pode ser uma agência de viagens, uma agência de intercâmbio, uma escola de línguas ou uma universidade. Se achar melhor, também pode buscar tudo por conta própria.

Passo 3 - Escolha o intercâmbio que mais atenda aos seus objetivos. Hoje existe um tipo para cada perfil e desejo.

Passo 4 - Esteja atento e pesquise: preço, seguro saúde, passagem de avião e tudo o mais que envolva sua viagem. Você não é obrigado a comprar tudo na mesma empresa.

Passo 5 - Pesquise sobre o local para o qual está embarcando. Pergunte à sua agência, compre guias, pesquise na internet ou pergunte a quem já foi.

Passo 6 - Procure saber sobre vistos, permissões, passagens, e tudo o que seja necessário para visitar os locais próximos ao país ou à cidade em que você vai fazer o intercâmbio.

Passo 7 - Quando fechar o negócio com uma agência ou escola, faça tudo por escrito. Não aceite apenas o verbal.

Passo 8 - Faça e refaça o *check list* antes de embarcar.

Passo 9 - Respeite as leis do país para não ter problemas. Tenha sempre a porta aberta para voltar.

Passo 10 - Aproveite cada momento do seu intercâmbio e tenha foco nos seus objetivos!

Apêndice 2

Histórias de quem já viveu

Agora que você já sabe como ir atrás do seu intercâmbio, planeje tudo com cuidado, analise seus objetivos, e curta o que a vida tem de melhor! Se você está adiantado e quase embarcando, parabéns! Boa viagem!

Ao longo de todo o livro, deixei clara a importância de ouvir pessoas que já fizeram intercâmbio, não é mesmo? Por isso, reuni depoimentos de pessoas de várias idades, que fizeram os mais diversos tipos de intercâmbio, e juntei-os aqui.

Se conhecer histórias de quem já viveu a experiência fora do país é um dos primeiros passos a ser dados, já lhe dou essa forcinha. Aproveite e mãos a obra!

Os nomes seguidos de asterisco (*) nos depoimentos a seguir são fictícios, e foram trocados a pedido dos autores das declarações.

"As portas do mercado europeu foram abertas para mim"

por Adriana Nascimento

Tipo de intercâmbio – Pós-graduação (Mestrado)
Destino – Madri, Espanha
Duração – 1 ano
Idade quando fez intercâmbio – 24 anos
Profissão quando fez intercâmbio – Executiva de Finanças
Profissão atual – Executiva de Recursos Humanos em Londres

Quando eu tinha 10 anos de idade, minha família se mudou para Cinfaes, no norte de Portugal, onde moramos por cinco anos. Quando comecei a faculdade, já no Brasil, passei um semestre nos EUA para aperfeiçoar o inglês.

Durante a faculdade de Economia no Rio de Janeiro (UERJ), me envolvi em pesquisas de desenvolvimento econômico que usavam o turismo sustentável como ferramenta. Assisti a várias palestras, e isso acabou virando o tema da minha monografia de fim de curso.

Quando terminei a faculdade, tinha um bom emprego, mas me dei conta de que não era exatamente o que me via fazendo para sempre. Cheguei à conclusão de que o melhor caminho seria estudar fora do Brasil e "começar do zero". No Brasil, a possibilidade de especialização de qualidade na área em que eu queria atuar era restrita, e, por isso, comecei a buscar cursos fora. Meu professor e orientador sugeriu que a Espanha era a melhor opção na área.

Desde que surgiu a vontade, comecei a me organizar financeiramente. Depois de algumas pesquisas, decidi ir para Madri. Entrei em contato com os cursos, traduzi as documentações, juntei o dinheiro necessário, e, depois de dois anos, estava embarcando.

Tive alguns medos, que acho que são normais, como o de me decepcionar, de não me adaptar, de não fazer bons novos amigos, de não ter dinheiro suficiente e ter de voltar sem concluir o planejado.

Abrir mão de estabilidade e conforto sempre dá um certo medo. Mas como eu ainda era nova, recém-formada, sabia que aquela era a chance de me arriscar. Não queria acordar um dia e me dar conta de que vinte anos haviam se passado e, por medo do desconhecido, eu não realizei os meus planos.

Durante meu intercâmbio, tudo foi marcante, mas vivenciar uma nova cultura e interagir com pessoas de lugares tão diferentes é inigualável. Ter de me virar sozinha também foi uma experiência nova. Não poder contar com alguém para ajudar nas horas de sufoco era difícil.

Quando estava já havia dois meses em Madri, decidi morar com uma amiga e dei aviso prévio ao dono do meu apartamento. Faltando dois dias para a mudança, o dono do apartamento para o qual iríamos cancelou o contrato, e eu e minha amiga ficamos, literalmente, na rua. Pedi para ficar mais uns dias no apartamento do qual estava saindo, mas não foi possível. Recorri a amigos e, por sorte, em menos de uma semana, consegui achar uma nova casa.

Adorei o estilo de vida espanhol (sempre festa!), os amigos estrangeiros intercambistas (e na Espanha são muitos!), as inúmeras viagens pela Europa, qualquer feriado era desculpa para conhecer um lugar diferente.

Eu imaginei que, com um mestrado na Espanha, numa universidade conceituada, como a Complutense, de Madri, somado a minha prévia experiência e outros idiomas, conseguiria com certa facilidade trabalhar nessa área. Logo no inicio do curso, percebi que essa não era a realidade: os alunos saíam dali para empregos mal pagos, não exatamente exercendo funções que eu imaginei. Ainda assim, resolvi encarar o curso como uma atividade prazerosa, e aproveitar ao máximo a vida social na Espanha.

Fiz tudo o que queria e um pouco mais, porém me arrependo de não ter me informado melhor sobre as possibilidades de inserção no mercado de turismo sustentável pós-mestrado. Também teria minimizado as minhas expectativas, e, conseqüentemente, a frustração.

Ao fim do mestrado, não voltei para o Brasil. Decidi ir para a Inglaterra, e já estou em Londres há 3 anos. O mestrado ajudou a minha inserção no mercado europeu.

A grande vantagem de ter feito o intercâmbio nessa idade é que não era mais adolescente e podia optar por cada rumo que tomaria a partir de cada decisão. Quando acabei o mestrado, cogitei fazer um estágio na Finlândia, e era muito bom saber que a decisão era apenas minha. A desvantagem é que um mestrado acaba gerando uma cobrança pessoal e social maior em termos de retorno prático, como um emprego melhor, mais dinheiro, uma promoção, ou qualquer coisa que prove que você deu um passo para a frente.

Dicas da Adriana: Vale a pena investir nesse tipo de intercâmbio, desde que as expectativas dos resultados sejam mantidas no plano real. Eu diria até que não se deve pensar nisso enquanto se está fazendo o curso. O foco deve ser na experiência de estar num país novo, convivendo com uma nova cultura, conhecendo novas pessoas e aprendendo uma nova língua. O fato de voltar com mais um diploma de mestrado é só a "cereja do bolo".

"Eu, estável na profissão, voltei a ser estudante"

por Miriam Machado

Tipo de intercâmbio – Estudar e estagiar
Destino – Vancouver, Canadá
Duração – 1 ano
Idade quando fez o intercâmbio – 42 anos
Profissão quando fez intercâmbio – Gerente e professora de Marketing
Profissão atual – Gerente de projetos e professora de pós-graduação

Estudar fora era um desejo antigo, mas o sonho teve de ir sendo adiado, por alguns anos, por falta de dinheiro e oportunidade. Fui estudando inglês em escolas no Brasil, até que chegou um ponto em minha carreira em que a falta da fluência na língua inglesa passou a ser um empecilho. Mas aí, outra questão foi decisiva: como criar coragem para sair do emprego e ficar um ano fora? Minha filha já estava criada, e eu solteira. Esses eram pontos a favor.

Eu me preparei, fazendo uma reserva financeira durante um ano e meio. Não queria ir apenas para estudar a língua, já que eu falava o inglês com certo domínio. Então, conversei com pessoas que já haviam feito intercâmbio, inclusive com minha filha que tinha feito cursos técnicos fora.

Decidi que, depois de ao menos três meses, começaria a buscar estágio não remunerado na minha área de atuação, o Marketing.

Apesar de me preparar psicologicamente para sair da empresa, fiquei insegura no dia de pedir demissão. Era um novo horizonte, desconhecido, principalmente porque eu nunca tinha saído do Brasil. Como me preparei durante um longo período, o embarque foi tranqüilo, apesar da ansiedade.

A chegada na *homestay* foi agradável. Fui muito bem recebida por um casal de idosos. Quando cheguei ao quarto, foi a primeira vez em que me dei conta de que tinha voltado a ser apenas uma estudante. Foi um misto de ansiedade com excitação.

O quarto era bem pequeno, teto baixo, chão de carpete, com uma cama, um guarda-roupa, uma mesa de estudo e minhas duas malas. Mas, ainda sim, eu estava tranqüila e animada com as novidades.

As dificuldades começaram quando fui tomar banho. Não consegui abrir o chuveiro, que é interligado com a banheira. O sistema é muito comum por lá, mas eu fui ficando nervosa, até que coloquei toda a roupa novamente e chamei a dona da casa que me ensinou como usar.

No dia seguinte, mais uma insegurança. Geralmente, os donos da casa fazem o caminho até a escola com você, no primeiro dia de aula, ou você vai acompanhado por alguém que já esteja na casa há algum tempo. No meu caso, fui para a escola acompanhada por um rapaz árabe de 17 anos, que tinha chegado a casa no dia anterior e dizia que conhecia o caminho. Acertamos a ida, mas a volta foi um desastre!

O rapaz, por ser adolescente e ter acertado o caminho da ida com facilidade, inventou de visitar um primo em outra escola. Como ele não falava inglês bem, e o meu também não era dos melhores, ele ia me chamando e eu só correndo atrás. Só que, talvez, por ser árabe, ele andava na minha frente, mantendo uma certa distância, e falava me dando ordens: "*Let's go, let's go Miriam!*". Quanto mais ele chamava, mais eu corria nervosa com a situação.

Quando ele percebeu que estávamos perdidos, foi parando as pessoas no meio da rua e perguntando. Só que as pessoas não entendiam o que ele falava, e ele continuava andando. Nem me dava tempo para conversar. Eu corria atrás dele cada hora mais desesperada, com medo de me perder. Como uma criança, eu tinha a sensação de que, se me perdesse, não acharia nunca mais a *homestay*, nem o caminho de volta para o Brasil.

Após quase quarenta minutos subindo e descendo ladeiras, normais em Vancouver, achamos a tal escola do primo dele. Enquanto eu tomava fôlego, eles trocaram duas frases, em árabe, e logo saiu em disparada na minha frente em direção ao ponto de ônibus, e eu atrás! Claro! Meu único objetivo era não me perder.

Dentro do ônibus, quando tive tempo para respirar e pensar, me perguntava: *O que estou fazendo aqui? Sou uma profissional de marketing! Agora não sei tomar banho, não sei me deslocar sozinha, e tenho de correr atrás de um menino de 17 anos!* Mas a insegurança foi cedendo e, a partir do terceiro dia, já fiz amizades e andava sozinha sem tanto medo.

Após alguns meses, já confiante no meu inglês e em mim, procurei estágios no jornal. Enviei meu currículo por e-mail, e fui chamada para um, em que fiz a entrevista e fui selecionada para ficar por três meses. Não tinha remuneração alguma, mas foi uma experiência enriquecedora. Ao fim desse estágio, busquei e consegui outro, que durou até minha volta para o Brasil.

Também aproveitei para fazer cursos livres em minha área de formação, e participar de encontros como o de profissionais de Marketing da *American Marketing Association* (AMA), e dos profissionais de Gerenciamento de Projetos, *Project Management Institute*.

Dicas da Miriam: Se pudesse dar uma dica para os que, como eu, já estão estabilizados na profissão, digo que vale a pena, e que é uma experiência indispensável. Porém, antes de viajar, contrate um professor particular para fazer um roteiro com algumas perguntas básicas para seus primeiros dias. Busque na internet instituições e empresas ligadas à sua profissão. Mesmo que vá ficar menos tempo que eu, visite uma empresa ou assista a uma palestra na sua área. Já vale a pena.

"Ganhei a coragem que não tinha para encarar desafios"

por Rubia Tannure

Tipo de Intercâmbio – Work experience
Destino – Bethel, Maine, EUA
Duração – 5 meses
Idade quando fez intercâmbio – 20 anos
Profissão quando fez intercâmbio – Estudante de Relações Internacionais
Profissão atual – Exportadora de granito

Nasci do interior do Espírito Santo e, desde os 13 anos, me encantava com as histórias do Rotary Club e propagandas de intercâmbios em revistas de adolescentes.

Aos 14 anos, a vontade já era tão grande que criei coragem para encarar a mente interiorana do meu pai. A reação não foi a mais amigável. Eu até esperava um "não", mas foi pior. Ele ficou extremamente ofendido de ver a filha querendo sair de casa tão nova. A todos que encontrávamos, ele me apresentava como "a filha que está querendo abandonar o pai para fazer intercâmbio nos Estados Unidos". Ouvi isso por alguns meses.

O intercâmbio não rolou, e minha vida começou a tomar novo rumo. Fui para a capital fazer o final do ensino médio, entrei precocemente na faculdade de Relações Internacionais e, quando me dei conta, já estava para me formar. Percebi que era minha última chance para fazer um intercâmbio. Eu precisava ter fluência da língua inglesa.

Optei por fazer o *work experience*, intercâmbio típico para quem quer curtir as férias da faculdade trabalhando nos Estados Unidos. As férias da faculdade, no entanto, não eram suficientes. Então, tranquei o último período para aproveitar o máximo de tempo permitido pelo programa. Dessa vez, tive o apoio do meu pai, que bancou todos os custos, acreditando que eu estava viajando para estudar.

Apenas quinze dias antes do embarque eu disse a ele que trabalharia em uma estação de esqui, no Estado do Maine, Estados Unidos. Nem eu sabia que esse Estado existia, imagine meu pai! Cheguei à agência de intercâmbios, olhei no mapa sobre a mesa e apontei: *"Quero ir para esse Estado aqui, bem longe dos destinos dos brasileiros"*. Fiz a entrevista aqui no Brasil, e já fui com tudo certo: emprego de *housekeeper*, que tinha a melhor remuneração, e casa para morar.

A primeira parada foi num albergue em Nova York, em que receberia algumas instruções do programa. Na reunião, conheci duas argentinas que iam para a mesma cidade que eu. Foi aí que comecei a sentir as primeiras dificuldades. Elas falavam um inglês fluente e muito rápido, e nenhuma das duas havia sequer visitado aquele país. Fomos fazer uns passeios pela cidade, e eu ficava perdida na conversa. Pensava como meus oito anos de curso de inglês não foram suficientes para me garantir o mínimo de fluência de que eu precisava naquele momento! Mas o medo de me arriscar na nova língua foi passando e logo fui me soltando.

Passados dois dias, fomos para Bethel, nossa cidade de apenas 3 mil habitantes. As argentinas ficaram em uma casa na rua principal, e a minha era mais afastada. Para tudo dependíamos do ônibus municipal, e pegar carona só antes do pôr-do-sol, de acordo com a lei estadual.

Foi emocionante ver a neve pela primeira vez. Aqueles floquinhos caindo do céu... Mais emocionante ainda foi quando avistei minha casa e, pelas janelas, já percebi uma agitação lá dentro. E quem falou que brasileiro não estaria naquele fim de mundo? Eram nove brasileiros e quinze estrangeiros sob o mesmo teto. A casa era enorme, bem estruturada, e estavam todos ali para viver a mesma experiência.

No primeiro dia de trabalho, já me colocaram em um grupo com três americanos, o que me deixou feliz por poder conviver mais diretamente com eles. Em compensação, esse dia já foi bem puxado. Pela janela de um dos quartos que eu estava arrumando, eu olhava as pessoas esquiando e me perguntava: *"O que é que eu vim fazer aqui? Como troquei a vista que tenho para o mar, para arrumar o quarto desse povo enquanto eles se divertem?"*. A resposta foi muito simples. Eu fui para me arriscar, para viver uma experiência única de vida, e tentar melhorar meu inglês. E foi com esse pensamento que, já na segunda semana, consegui meu segundo emprego, em um restaurante perto da estação. Eu preparava saladas e sobremesas, e organizava as despensa.

Meu relacionamento com meu grupo de *housekeepers* era excelente! Minha supervisora era apenas um ano mais velha que eu e adorava ouvir como eram as coisas no Brasil. Eram pessoas muito simples, e ficavam surpresos quando eu falava, por exemplo, que tínhamos celular e internet aqui no Brasil. Tanto eles quanto os colegas do restaurante achavam que todos nós, funcionários estrangeiros, passávamos necessidade em nosso país de origem. Vivenciar isso e até o preconceito de alguns hóspedes dos luxuosos apartamentos que arrumávamos foi peculiar e muito positivo para meu amadurecimento.

Na casa, era tudo maravilhoso, e até hoje mantenho contato tanto com os brasileiros quanto com os estrangeiros, que eram argentinos, peruanos, colombianos, sul africanos e ingleses.

Como a cidade era pequena, não tinha muita coisa para fazer, e o frio, que uma vez chegou a -50°C (com direito a ser notícia nos telejornais brasileiros, e deixar minha família maluca por aqui), desanimava um pouco de sair pelas ruas. O jeito era curtir a nossa casa, que passou a ser o *point* da cidadezinha. Uma vez, cheguei do restaurante e tinha uma banda na sala, e fiquei sabendo que, em seguida, entraria outra. Era uma verdadeira colônia de férias. Conviver ali com culturas tão diferentes foi enriquecedor.

Passada a temporada do emprego, viajei por um mês com duas brasileiras pela costa leste dos EUA.

Voltei para o Brasil com uma bagagem infinitamente maior, em todos os sentidos. Precisei da agência apenas uma vez, para confirmar minha passagem de volta, mas tudo ocorreu como combinado.

Graças a toda essa experiência, tive coragem de encarar muitos desafios que antes eu não teria, principalmente no âmbito profissional. Meu inglês melhorou muito, mas não é o mais correto, apenas mais formal. Mesmo convivendo diariamente com essa língua no trabalho, sinto necessidade de aprimorá-la. Mas, no geral, foi tudo válido, maravilhoso.

Dicas da Rubia: Estabeleça bem o objetivo de seu intercâmbio e planeje. Procure saber tudo sobre a região em que irá morar para, quando voltar, não ter deixado de conhecer nada que estava ao seu alcance. Fazer intercâmbio é fundamental no mundo de hoje, pela segunda língua e pela experiência de vida.

"Agora que estou me aposentando, vou todo ano"

por Marly Ribeiro Fazolo

Tipo de intercâmbio – Curso de idiomas
Destino – Alcalá de Henares, Espanha
Duração – 1 mês
Idade quando fez o intercâmbio – 48 anos
Profissão quando fez intercâmbio – Enfermeira e estudante de Direito
Profissão atual – Enfermeira quase aposentada e bacharel em Direito

Já era enfermeira havia vinte anos quando decidi fazer o curso de Direito. No último período da faculdade, uma amiga me falou sobre o curso de um mês que faria na Espanha e perguntou se eu não queria ir junto. Como sempre tive o sonho de viajar para o exterior, não pensei duas vezes e decidi: vou me dar de presente de formatura!

Não tinha nem passaporte, e tive de correr atrás de tudo em três meses. Viajamos em janeiro, inverno na Espanha. Foi a primeira vez que vi a neve. Linda!

Não senti medo algum antes de embarcar, mas fiquei um pouco apreensiva ao chegar ao *campus* da faculdade. Iríamos ficar hospedadas no alojamento da cidade universitária da Universidad Alcalá de Henares. Como estávamos em um grupo grande de brasileiros, fomos colocados em alojamentos separados e distantes uns dos outros.

Cada alojamento tinha quatro quartos com banheiro e uma cozinha, e em cada um ficavam duas estudantes. Quando cheguei ao meu alojamento, estava havendo uma festa, e os rapazes usavam drogas. Já fiquei espantada. Fui levada até meu quarto e, quando avistei minha colega de quarto, ela estava com os olhos enormes de tanta droga. Fui para fora na hora, e disse que ali eu não ficaria. Bati o pé e só sosseguei quando fui colocada em outro alojamento só de mulheres. Eram todas muito simpáticas e amigáveis. Minha colega de quarto era francesa, e depois vim a descobrir que só tomava banho caprichado aos sábados; durante a semana, apenas lavava as partes íntimas, e se enchia de perfumes.

Depois de instalados, fomos todos para uma sala fazer o teste de nivelamento. Eu escrevi meu nome e devolvi. Não sabia nada mesmo! Tínhamos aula na universidade das 9 horas da manhã às 2 horas da tarde, e depois corríamos para o metrô em direção a Madri.

Tive dificuldade com o frio. O local em volta da minha boca queimou muito, e eu quase não podia falar de tão inchado. Liguei para o seguro saúde, mas como eu só tinha uma semana de Espanha, não conseguia entender o que a atendente dizia. Depois de muito tempo, ela percebeu que não conseguiríamos nos comunicar, e chamou uma pessoa que falava *portunhol*. Aí deu certo. O médico foi à universidade e me atendeu.

A maioria dos intercambistas eram rapazes e moças. Eu era uma das mais velhas, mas fazia tudo como todo mundo! Um dia, teve festa do pijama na universidade, e eu estava lá! Mas a festa ficou muito barulhenta, e a polícia foi chamada para acabar coma farra! Então decidimos ir para Madri. Na volta, nos atrasamos para pegar o último metrô para Alcalá e tivemos de correr. Os mais jovens foram na frente e eu fiquei para trás. Lá do lado de fora da roleta, eu vi o trem parando e, de tão nervosa, eu não conseguia colocar a moeda para passar na catraca. Quando percebi que o trem ia sair, me deu um desespero tão grande de ficar sozinha que pulei a roleta e corri para dentro do trem, que fechou as portas logo depois. Morri de medo de ser presa e só me acalmei quando descemos.

Um outro momento em que me deu um desespero foi quando visitamos Zaragoza. Fomos numa excursão e, em determinado momento, descemos na praça da cidade, onde havia uma festa. O ônibus ficou estacionado atrás de uma igreja, e fomos andando até a praça. Encantada com as construções medievais, me distraí e, quando me dei conta, não havia ninguém do grupo por perto. Refiz o caminho em direção ao ônibus e ele não estava lá! Foi quando bateu o desespero. Resolvi buscar um telefone e pedir para alguém da universidade ir me buscar ou me ensinar como ir embora. Fui andando em uma linha reta, sem rumo e, por sorte, avistei o ônibus parado em outro lugar. Estavam me esperando havia meia hora!

Depois dessa viagem não fiz mais nenhuma para o exterior, mas agora que estou me aposentando, já avisei ao meu marido que todo ano vou embarcar para um país diferente. Se ele quiser, que venha comigo!

Dicas da Marly: Eu não levei remédios. Não sabia que lá não podia comprá-los sem receita. Por isso, é bom levar alguns. Passeie bastante! Eu não pude viajar mais porque, na época, o dólar estava muito alto. Não pude ir muito longe da cidade em que estava hospedada, mas, mesmo assim, aproveitei ao máximo!

"Resolvi montar minha própria viagem"

por Luiza Vono

Tipo de intercâmbio – Curso de idiomas
Destino – Toronto, Canadá
Duração – 10 meses
Idade quando fez o intercâmbio – 20 anos
Profissão quando fez intercâmbio – Estudante universitária
Profissão atual – Atuária

Desde muito cedo, meu pai me incentivava a viver uma experiência fora do país. Aos 15 anos, ganhei de aniversário uma viagem para a Disney, que teve a duração de um mês. Foi a partir dessa viagem que percebi que o meu inglês precisava ser aprimorado. Morar fora por um período maior seria uma ótima oportunidade para garantir alguma fluência, e a idéia muito me atraía!

Já na faculdade, enxerguei o momento perfeito: estava na metade do curso, querendo me desligar de um relacionamento sem futuro e deslanchando muito rápido no trabalho. Precisava interromper antes que tudo se tornasse muito sério. Para melhorar, meu pai topou financiar a viagem.

Passei a pesquisar as várias opções de intercâmbio: imersão de inglês, trabalho temporário, estágio sem remuneração, *au pair*, etc. Mas eu queria todos esses, ou quase todos, em um único pacote. Então resolvi "montar" minha própria viagem!

Para escolher o destino, considerei preço da passagem aérea e o custo de vida no local. Pela internet, busquei contatos de brasileiros que estavam em Toronto e que poderiam me indicar moradia, escola, seguro saúde e outras coisas. A agência de viagens me ajudou na obtenção do visto e na inscrição na escola. Conheci um casal de brasileiros, por intermédio de uma amiga do meu pai, que morava em Toronto e recebia estudantes, numa espécie de *homestay* "abrasileirado".

Já no Canadá, fui bem acolhida por essa família de brasileiros, que me consideravam como um membro da família. Mas logo acabamos conhecendo muitas pessoas, principalmente na escola, o que me levou a morar com mais três pessoas de nacionalidades distintas.

Quando senti uma pouco mais de segurança no meu inglês, resolvi fazer um curso técnico na minha área, e assim dar um *up* no meu currículo. Na verdade, eu faria duas matérias isoladas de um curso mais extenso. Seria uma nova experiência, já que as aulas eram ministradas num *college*. Fiquei realmente muito apreensiva, tinha receio de não acompanhar o ritmo das aulas.

Uma das minhas turmas era formada por oito pessoas mais o professor, todos sentados ao redor de uma mesa redonda; cada um lia uma parte da apostila e expunha sua opinião sobre o assunto. Aquilo, definitivamente, foi um choque! Todos me encarando e analisando cada linha do meu inglês. Além do mais, eu era a mais nova, ainda não possuía total fluência na língua, e era a única que não trabalhava na área (naquele momento). Mas, para a minha surpresa, não houve qualquer preconceito. Todos me ajudavam, tinham paciência, me ensinavam. Estudei muito, fazia todas as tarefas com o dicionário sempre ao lado. Ao final, fiz as provas e fui avaliada exatamente como os demais. Tive muita dificuldade, mas valeu a pena.

Melhorei muito o inglês e aproveitei todas as oportunidades de passeios e viagens pelo Canadá, que, por ser um país multicultural, nos permite conhecer costumes, comidas e pessoas de outros países. Da mesma forma, há muitos brasileiros vivendo no Canadá, o que pode tornar os intercâmbios não muito proveitosos. Mas, independentemente disso, a experiência de vida que se adquire é indiscutível!

Dicas da Luiza: Procure conhecer seus reais objetivos com o intercâmbio e planeje a viagem de acordo com eles, sem perder o foco. Caso a intenção seja adquirir fluência em outra língua, tente ao máximo evitar o contato com brasileiros, pois, ao nos juntarmos, deixamos de praticar o idioma.

"Depois de onze anos de muitas desculpas, finalmente fui"

por Jorge Galvão

Tipo de intercâmbio – Estudar e estagiar
Destino – Toronto, Canadá
Duração – 1 mês
Idade quando fez o intercâmbio – 35 anos
Profissão quando fez intercâmbio – Médico, Cirurgião Plástico
Profissão atual – Médico, Cirurgião Plástico

Quando tinha 14 anos, tive a oportunidade de fazer intercâmbio. Ficaria um mês nos EUA, mas tive medo e não fui. A vontade era grande, mas eu era um menino do interior, tinha noções básicas de inglês, e me achava muito novo. Os anos se passaram, novas oportunidades surgiram, mas eu sempre protelando. Uma hora era a faculdade, depois a residência, e por fim só fui pensar nessa possibilidade seriamente quando já estava formado e estabilizado na minha profissão.

Comecei a tomar informações sobre cursos e duração. Perguntando a um aqui outro ali, cheguei à conclusão de que três meses era o tempo mínimo para aproveitar o investimento. Mas, como médico, dependo do meu consultório. Se não atender, não ganho.

Depois de muito pensar, pesando tudo na balança, resolvi que faria o intercâmbio de um mês, em janeiro, quando meu consultório tinha menor movimento e faria de tudo para aproveitar as oportunidades. Uma amiga que morou em Toronto disse que seria a pior época do ano, porque os termômetros estariam muito abaixo de zero, algumas atrações estariam fechadas, e seria difícil andar na rua. Fiquei um pouco balançado, mas decidi ir. Já tinha protelado demais. Onze anos para ser mais exato.

Meu inglês era intermediário, mas, mesmo assim, entrei em contato, por e-mail, com um cirurgião plástico de Toronto. Expliquei que estava indo passar um mês para estudar inglês e se poderia ficar na sua clínica durante uma semana ou assistir a algumas cirurgias. Para minha surpresa, ele foi bastante solícito, e disse que eu poderia passar por lá, ver as cirurgias da semana e escolher quais me interessariam. Confesso que fiquei um pouco apreensivo, mas o máximo que poderia acontecer era falar errado.

Também decidi que viajaria bastante nos fins de semana. Pesquisei, mandei e-mails para a escola de línguas perguntando se tinham excursões para locais como Quebec, Montreal, Ottawa, *Niagara Falls,* e outros locais próximos a Toronto. Fui preparado para fazer um mês valer, ao menos, dois. Algumas excursões consegui pela própria escola, outras, por agências indicadas por eles.

Fiquei hospedado em uma *homestay* e acho que foi a melhor opção. Eles não se tornaram meus amigos, mas a convivência foi muito agradável. Vejo muita gente reclamando, mas acho que é só se ajustar. Ficaria novamente.

Na volta, me perguntava como esperei tanto tempo para viver esta experiência maravilhosa. Claro que tiveram percalços e experiências desagradáveis, mas a única coisa que faria diferente seria andar menos com os brasileiros, porque passei muitas tardes passeando com eles, e falávamos português o tempo todo.

Dicas do Jorge: Sugiro que as pessoas pesquisem bastante sobre o local para onde vão. Conheci pessoas que já estavam havia seis meses em Toronto e não tinham feito quase nada. O que fez minha viagem render foi o planejamento, a pesquisa e a conversa com pessoas que já tinham ido.

"Uma experiência de vida fora do país sempre é reconhecida"

por Geórgia Casado

Tipo de intercâmbio – Cursos técnicos de curta duração
Destino – Toronto, Canadá
Duração – 6 meses
Idade quando fez o intercâmbio – 23 anos
Profissão quando fez intercâmbio – Estudante universitária
Profissão atual – Assistente de importação e logística

Estudar fora do país foi uma vontade que só surgiu durante a faculdade. Tive a oportunidade de passar um tempo nos EUA quando tinha 15 anos, mas fiquei só um mês. Meus pais queriam que eu ficasse por um período maior, mas fiquei só janeiro.

Quando resolvi que iria passar um tempo fora, meus pais me apoiaram, mas agora não tinham como me ajudar financeiramente. Então decidi que iria juntar dinheiro para realizar meu sonho. Trabalhei durante dois anos juntando todo dinheiro que podia.

Minha idéia era ir para Pittsburgh, nos EUA, porque ficaria na casa de amigos, o que já seria uma grande economia, já que, naquela época, o dólar estava sendo cotado a mais de 3 reais para cada dólar! Porém, os cursos de inglês para estrangeiros em Pittsburgh eram caríssimos, então comecei a procurar outros lugares que poderiam ser mais acessíveis.

Conversei com algumas pessoas que já tinham morado em Toronto e comecei a achar a idéia interessante. Entrei em contato com um curso de inglês indicado por uma amiga da faculdade. Fiquei muito empolgada quando vi os preços! Eram bem mais baratos que os cursos de Pittsburgh, e o dólar canadense, mais em conta que o dólar americano. Assim, escolhi meu destino: Toronto.

Agora faltava decidir onde ficar. Todas as pessoas que eu conhecia até então tiveram algum tipo de problema com a *homestay*. Por isso, descartei logo de cara. Entrei em contato com a escola canadense e eles me informaram que, no próprio curso, tinha um mural com vários anúncios de pessoas que queriam dividir apartamento ou alugar quartos, e não seria difícil arrumar um lugar para morar quando chegasse a Toronto. Resolvi, então, ficar em um albergue nos primeiros dias.

Poucos dias antes de viajar, um amigo me deu o telefone e o e-mail de uma amiga que estava morando em Toronto e que veio a se tornar um anjo para mim. Assim que cheguei, liguei para ela e, em três dias, estava hospedada em sua casa. Poucos dias depois, conversando com uma vizinha, descobri que o apartamento em frente estava vago e fui morar sozinha. Ele coube direitinho no meu enxuto orçamento, mas tinha algumas desvantagens. Era de um português nada caprichoso, e estava mal conservado. No banheiro não tinha chuveiro, só uma mangueirinha, e nas paredes, alguns buracos indicavam que ratos estavam por perto. No dia seguinte à minha mudança, tive de comprar massa para tapar os buracos da parede e dormir tranqüila.

Eu tinha que controlar todos os gastos, porque só podia contar com o dinheiro que tinha levado. Mesmo assim, estar em Toronto realizando um sonho era maravilhoso. No primeiro dia, andei nada menos que duas horas para chegar à escola, mas nem vi o tempo passar. Estava maravilhada com a cidade, a limpeza, a organização.

Em pouco tempo, conheci muita gente, muitos brasileiro, o que, para mim, é a parte negativa de Toronto, para quem pretende aprender o inglês. É quase impossível ficar longe dos brasileiros, a gente acaba se atraindo. Mas também foi graças a isso que fiz grandes amizades. Assim como há muitos brasileiros em Toronto, também há muitos árabes, japoneses, chineses, mexicanos, o que me possibilitou aprender bastante sobre várias culturas.

O curso de inglês foi muito bom, mas eu queria algo mais. Resolvi, então, fazer um curso de Marketing Internacional, com duração de pouco mais de um mês, mas que me proporcionou uma experiência totalmente diferente do curso de idioma.

Apesar de adorar a experiência, chegou um momento em que quis que o tempo passasse mais rápido. Estava morrendo de saudades da minha família, dos amigos e do calor do Brasil, mas, hoje, se tivesse a oportunidade de voltar a morar no Canadá, iria sem pensar duas vezes.

Uma experiência de vida fora do país sempre é reconhecida e conta muito na hora de arrumar emprego. Não só pelo idioma, mas também pela experiência e pela cultura. Passar seis meses em Toronto foi mais do que aprimorar o idioma, foi uma experiência de vida simplesmente maravilhosa.

Dicas da Geórgia: Se não tiver quem banque sua viagem, programe-se financeiramente para não passar apertos. Economize tudo o que puder. Ir com o dinheiro contado como fui é meio arriscado, mas, se não tiver outra opção, não se intimide. O importante é não deixar de ir.

"Decidi estudar fora para buscar experiência social e profissional"

por Albert Mendonça

Tipo de intercâmbio – Estudar e estagiar
Destino – O primeiro intercâmbio em Toronto, o segundo na Suíça
Duração – 1 mês em cada intercâmbio
Idade quando fez o intercâmbio – Primeiro: 28 anos, segundo: 33 anos.
Profissão quando fez intercâmbio – Médico, Cirurgião Plástico
Profissão atual – Médico, Cirurgião Plástico

Meu primeiro intercâmbio também foi a primeira vez em que saí do Brasil. Tinha 28 anos, e fui para Toronto, no Canadá. Meu interesse era melhorar o inglês, pois, em seguida, iria para meu primeiro congresso internacional. Optei por ficar um mês estudando o idioma. A experiência foi boa, o intercâmbio, muito divertido, porém serviu muito mais como férias do que para aprender inglês.

Descobri que conseguir comprar em *mall* não significa saber inglês. Eles querem seu dinheiro, esforçam-se para se comunicar, e assim tudo fica mais fácil. O difícil é conseguir oportunidade quando não se fala bem a língua, ou melhor, é impossível.

Na segunda experiência, eu já tinha 33 anos, e fui para a Suíça. Esse já foi um estágio mais direcionado, pensado, profissional. Fui para um hospital, sem remuneração, mas com moradia garantida. Já tinha uma referência profissional e soube aproveitar, o que me levou a outras oportunidades.

Decidi estudar fora para buscar experiência social e profissional. O desconhecido me causava um sentimento dúbio, pois, ao mesmo tempo em que me dava medo, também me excitava. Mas eu tinha outros medos, como o de não saber me comunicar, medo de gastar muito, do emprego, de me perder.

Passei um aperto quando estava na Suíça. Desembarquei na estação central de Zurique e deveria pegar um outro trem para o meu destino final. Só que mudaram o portão de embarque e só anunciaram em alemão, língua que não sei falar! A sorte foi que saquei o movimento e segui os outros passageiros! Me virei bem!

Da primeira vez, busquei uma agência para organizar minha viagem, mas, na segunda, para a Suíça, já me sentia capaz de fazer tudo por conta própria e deu certo!

Durante o intercâmbio, o que mais me marcou foi a educação e os bons modos. Isso faz a diferença em qualquer cultura! Também aprendi com as dificuldades dos outros e a não justificar as minhas pelas facilidades deles. Aprendi que, assim como no Brasil, a maioria das pessoas não quer ter trabalho.

Se pudesse voltar no tempo e fazer algo diferente, teria me preparado melhor em relação à língua. Quando você está fora, o melhor é praticar. Por isso, estudaria mais aqui. Além disso, ficaria mais tempo e me programaria melhor em relação ao roteiro da cidade.

Todas as experiências contribuíram para minha vida pessoal e profissional! O Brasil respeita mais referências externas que internas, mas não adianta pensar que isso se reverte automaticamente em oportunidades financeiras. Você é que tem de aprender a fazer esse respeito valer algo num país em que formação não tem relação rápida e direta com remuneração.

Dicas do Albert: Estude aqui antes de embarcar. Uma vez no país de destino, o importante é praticar. Faça um roteiro de passeios pela cidade para aproveitar melhor.

"É bom e enriquecedor para o casal viver essa experiência juntos"

por Romar Vallory e Cláudia Altoé

Tipo de intercâmbio – Intercâmbio a dois
Destino – Montreal, Canadá
Duração – 5 semanas
Idade quando fizeram intercâmbio – Romar: 35, Cláudia: 31
Profissão quando fez intercâmbio – Ele médico, ela fisioterapeuta
Profissão atual – Ele médico, ela fisioterapeuta

Só comecei a ter vontade de fazer intercâmbio quando já era adulto e ganhava meu dinheiro, mas a Cláudia queria estudar fora desde a adolescência, quando ela freqüentava o cursinho de inglês. Por isso, ela planejou essa viagem durante 15 anos. Para mim, o tempo foi mais curto, apenas um ano.

Procuramos uma agência para nos orientar e optamos pelo curso de línguas, hospedando-nos em uma *homestay,* porque seria uma forma econômica de viver essa experiência sem desorganizar as finanças. Quando se é casado, a despesa é multiplicada por dois.

Conviver com pessoas de todas as partes do mundo foi o que mais nos marcou, mas, em compensação, o dia-a-dia na *homestay* foi o que mais nos decepcionou.

Aproveitamos nosso tempo para estudar e acabamos não passeando muito porque tínhamos medo de não sabermos nos comunicar. Assim, só ficamos em Montreal.

A experiência valeu a pena, mas, se pudéssemos mudar alguma coisa, teríamos pedido à agência para nos mudar de *homestay* logo na primeira semana, já que não nos adaptamos ao casal que nos acolheu. Além disso, passearíamos muito mais!

Foi a primeira vez que viajamos para fora do Brasil, e escolhemos o Canadá porque o considerávamos um país seguro e sem guerras. Já a cidade, Montreal, foi escolhida, na verdade, por força do momento, pois, na época, o país sofria de uma epidemia de pneumonia asiática, e estava havendo muitos casos em Vancouver e Toronto, mas muito poucos ou quase nenhum em Montreal.

Outra coisa maravilhosa que aconteceu comigo em Montreal foi poder ter contato direto, pela primeira vez, com a língua francesa, pela qual me apaixonei, e continuo apaixonado; comecei a estudar francês quando voltamos para o Brasil. Em Montreal, fala-se inglês e francês.

Não tivemos momentos difíceis, mas uma situação desconfortável foi quando passamos pela imigração. Por ser a primeira vez em que viajávamos para fora do país, estávamos ansiosos pelo que nos esperava. Mas tudo correu bem.

Durante o curso, estudamos em salas diferentes, pois nosso nível de inglês não era o mesmo. A vantagem de fazer o intercâmbio a dois é a companhia. Também é bom e enriquecedor para o casal viver essa experiência juntos. Mas falar português é a principal desvantagem. Mesmo assim, se estivéssemos embarcando hoje, iríamos juntos de novo. Porém, não ficaríamos em *homestay*, optaríamos por alugar um apartamento. Além disso, faríamos o curso só pela manhã e passearíamos mais em outras cidades ao redor.

Dicas de Romar e Cláudia: Como já dissemos, não tivemos uma boa experiência na *homestay*. Por isso, mesmo que seja sua primeira vez viajando a dois, sugerimos que alugue um apartamento. As próprias agências podem organizar isso para vocês. Além disso, sugerimos que estudem apenas pela manhã, passeiem bastante à tarde, ao redor da cidade ou no país em que ficarem. Não precisam ter medo!

"A experiência foi essencial para minha contratação profissional"

por Daniel Cardoso

Tipo de intercâmbio – Estudar e estagiar
Destino – Vancouver, Canadá
Duração – 10 meses
Idade quando fez intercâmbio – 24 anos
Profissão quando fez intercâmbio – Estudante
Profissão atual – Project manager

Durante a faculdade, percebi que todos os bons empregos para recém-formados requeriam inglês fluente e, se possível, experiência internacional. Dessa forma, vi que era altamente necessário adquirir fluência na língua. Por intermédio da agência, descobri que, além do idioma, eu poderia estagiar em alguma empresa local após fazer alguns meses de curso. Vi nesse programa uma oportunidade de aprimorar a língua, e ainda conseguir experiência internacional na minha área de atuação profissional.

Comecei a planejar a viagem em julho de 2003, mas só embarquei em novembro de 2005. Tive de me organizar, pois um de meus maiores medos era a falta de dinheiro.

O que a agência me prometeu não foi bem o que recebi. No programa que contratei, eu teria estágio garantido quando chegasse a Vancouver. No entanto, a empresa local que prestaria esse tipo de serviço solicitou o meu currículo e enviou para algumas empresas da cidade.

Uma empresa me chamou para uma entrevista. Felizmente, fui aprovado e iniciei o estágio. No entanto, vi alguns casos em que as pessoas não foram chamadas para nenhuma entrevista ou não foram aprovadas quando chamadas. Em resumo, contratei uma empresa para enviar meus currículos via e-mail. Acho que poderia ter feito isso sozinho, sem ter de pagar alguns dólares a mais por isso.

Acredito que a maior vantagem de estudar e estagiar é a possibilidade de estar em um ambiente de trabalho em uma cultura diferente, e poder utilizá-la como um diferencial no mercado de trabalho. Mas, o meu objetivo principal era aprimorar minhas habilidades na língua inglesa e, por isso mesmo, acredito que a desvantagem desse intercâmbio esteja nesse ponto.

Durante o tempo em que estava estagiando tive menor evolução no aprendizado da língua, pois foi necessário sair das aulas, e, automaticamente, perdi o foco nos estudos da língua. Para mim, a experiência no estágio contou pontos no mercado de trabalho, mas o grande diferencial é a fluência no idioma. Por isso, freqüentar as aulas é essencial.

Aproveitei bastante a oportunidade de aprimorar o idioma, mas acho que poderia ter feito alguns cursos na minha área de atuação profissional. Tive a oportunidade de fazê-los nas universidades locais, mas fiquei com medo de exceder o orçamento da viagem. Por isso, se pudesse fazer algo diferente no intercâmbio, seriam esses cursos de extensão nas universidades locais.

Durante o intercâmbio, o que mais me marcou foi a hospitalidade do povo de Vancouver e as amizades que foram feitas. O intercâmbio me ajudou muito quando voltei ao Brasil. Atualmente, trabalho numa multinacional, com uma equipe internacional, fazendo interface direta com clientes em todo o mundo. Essa experiência foi algo essencial para minha contratação e para o bom andamento das minhas atividades na empresa.

Dicas do Daniel: Em primeiro lugar, estude o idioma no seu país. Prepare-se para chegar à cidade que você vai fazer o intercâmbio já com fortes conhecimentos da língua, para poder aproveitar melhor as oportunidades. Não pense que você aprenderá o idioma só vivendo no país; você precisa estudar! Se está pensando em fazer um estágio na sua área de atuação, lembre-se de que precisa de fluência no idioma para poder comunicar-se profissionalmente. Verifique as condições do mercado local. Tente entrar em contato com empresas antes de viajar. Isso aumenta a suas chance de conseguir uma entrevista.

"Morar em outro país tem seu lado bom, mas muitas dificuldades"

por Renata Souza*

Tipo de Intercâmbio – Work experience
Destino – Flórida, EUA
Duração – 4 meses, mas voltou antes, depois de 2 meses
Idade quando fez o intercâmbio – 26 anos
Profissão quando fez intercâmbio – Jornalista e estudante de pós-graduação
Profissão atual – Jornalista e estudante de pós-graduação

Depois de um ano de formada em Jornalismo, percebi que tinha de aperfeiçoar meu inglês fora do país, pois sentia que não evoluía muito nos cursos que fazia aqui no Brasil. Além disso, estava perdendo algumas oportunidades de *trainee* por conta do idioma e da falta de experiência internacional.

Levei cinco meses para organizar dinheiro, aula particular de inglês, visto, passaporte e todas as outras exigências do programa.

Embarquei em um programa de *work experience* para a Flórida, que deveria durar quatro meses, mas voltei antes por vários motivos, entre eles o total abandono por parte da empresa de intercâmbio. Por várias vezes, solicitei auxílio para dificuldades que estava tendo lá, mas nada acontecia. Uma pessoa da minha família ía sempre à agência para passar minha situação, e nada era feito. A empresa foi omissa. Paguei caro por serviços que não foram prestados.

Saí do Brasil com contrato assinado para morar em um condomínio, mas não tinha nem onde morar. No primeiro final de semana, gastei quase todos os meus dólares hospedada em hotel. Tive de alugar, por conta própria, uma casa pequena, e morar com dez pessoas para economizar.

Não tive tempo para estudar. No contrato, dizia que teria a tarde livre, o que me interessava, pois queria freqüentar umas aulas, mas saía de casa as 6h30 da manhã e só chegava às 7 horas da noite.

Tive de pedir dinheiro para minha mãe no Brasil duas vezes, pois a empresa na qual fui colocada pela agência do Brasil me oferecia remuneração muito abaixo da combinada. O problema de dinheiro só foi superado quando, depois de algumas semanas, consegui, por conta própria, um trabalho de *housekeeping* em outra empresa, que não tinha contrato firmado, mas pagava melhor.

Na Flórida há muitos brasileiros participando desse tipo de programa. Alguns conseguem bons empregos, quando têm uma boa agência apoiando e um nível melhor do idioma.

O que mais me marcou foi o total abandono da empresa de intercâmbio. A empresa prometia "trabalho e diversão", e isso não aconteceu. Perdi tempo e gastei uma fortuna com a contratação da empresa e com as despesas nos EUA.

Diversão só tive quando estava para voltar para o Brasil, e aproveitei para ir à Disney e Nova York. O lado bom, além de passear, foi conhecer novos amigos e uma nova cultura, pois nunca tinha saído do Brasil.

Meu objetivo com o programa era juntar dólares para reembolsar minha família, mas, principalmente, voltar falando inglês fluente. Por isso, se pudesse voltar atrás, esperaria mais um pouco para viajar com maior segurança, tempo e fazer um curso específico para o aprendizado do idioma. Ainda penso em fazer outro programa, só que no Canadá ou na Inglaterra.

Aceitei fazer o *work experience*, pois não tinha a menor idéia de como é difícil trabalhar fora do Brasil. Não estava preparada para lidar com o preconceito e meu nível de inglês era básico.

Nada estava dando certo. Literalmente nada! Tinha de usar produtos fortes para fazer a limpeza dos quartos do hotel, e tive uma alergia horrível! Antes que acontecesse o pior, resolvi antecipar minha volta. Fiquei triste, por ter imaginado uma coisa e ter me agarrado com todas as forças, achando que seria uma experiência fantástica para minha vida pessoal e profissional. As pessoas que me incentivaram a fazer o programa tiveram sucesso em suas experiências. Até hoje me pergunto por que a empresa agiu assim no meu caso. Será que foi o local, que é muito concorrido pelos estudantes? Errei na contratação da empresa? Não estava preparada? Não sei.

Dicas da Renata: Pesquise em mais de uma agência e converse com pessoas que utilizaram seus serviços. Morar em outro país tem seu lado bom, mas também tem seu lado ruim de dificuldades e, é nessa hora que precisamos contar com a empresa que contratamos no Brasil.

“No meu quarto mês de intercâmbio, conheci meu marido”

por Cyntia Zanon Peck

Tipo de intercâmbio – *Au pair*
Destino – Silver Spring, USA
Duração – 1 ano
Idade quando fez intercâmbio – 26 anos
Profissão quando fez intercâmbio – Diretora de Marketing da International Language Learning Center
Profissão atual – Dedica-se à filha que teve com Brandon, seu marido americano

Quando decidi ser *au pair*, já havia feito um curso de inglês em Vancouver, no Candadá. Fiquei por lá durante cinco meses, mas, para mim, foi pouco. Quando voltei ao Brasil, ficou uma vontade enorme de descobrir e viajar mais, aprender mais inglês, desvendar outra cultura. O programa de *au pair* encaixava-se muito bem no meu perfil, além de um custo ótimo.

A família que me recebeu pagava-me 140 dólares semanais, além de cobrir despesas essenciais, como casa, alimentação, etc. Recebi 500 dólares em bolsa de estudos, que aproveitei para aprimorar o inglês. Freqüentei aulas de *english communication*.

O que ganhava era suficiente para as minhas despesas extras, como comprar coisas de meu interesse, sair, passear, etc. Não é suficiente para esbanjar, mas o bastante para viver e aproveitar o programa, já que esse é o objetivo. Não foi o meu caso, mas conheço *au pairs* que conseguiram economizar e juntar dinheiro.

A vantagem do *au pair* é que, por um custo muito baixo, você viaja para outro país, aprimora a língua (no meu caso, o inglês), vive uma cultura totalmente diferente da sua e conhece lugares que antes você nunca pensaria. Enfim, é uma experiência inigualável e inesquecível. Já a desvantagem é viver com uma família que não é a sua, o que pode ser bom, mas, algumas vezes, se mostra um desafio. Depender das regras e desejos dessa família não é fácil. Por isso, nesse ano como *au pair*, a palavra chave foi *comunicação*. Lidar com algumas exigências do meu *hostfather*, por exemplo, foi um desafio. Embora a nossa comunicação fosse muito boa, houve momentos em que me senti muito frustrada com certos pedidos, como trabalhar na noite do Ano Novo para que ele pudesse sair com os amigos. Às vezes, ele também era meio inconsistente em relação aos meus dias de folga.

Quase no fim do intercâmbio, tive vontade de desistir. Tivemos um desentendimento, mas sentamos todos juntos, conversamos e nos entendemos. Chegamos à conclusão de que havia ocorrido um mal-entendido e, no fim, tudo foi resolvido. No geral, a família tratava-me muito bem, e fico muito feliz em ter morado com eles, e em ter obtido esse tipo de vivência memorável, por inúmeras boas razões. Hoje, eu os considero amigos queridos e estamos em contato sempre!

A experiência foi como eu esperava e muito mais. Conheci lugares lindos, que jamais conheceria em apenas uma viagem aos EUA como turista. Tornei-me a melhor amiga da criança que cuidei. Passamos momentos inesquecíveis juntas que, para sempre, ficarão marcados na minha memória. Além disso, aprendi mais sobre mim mesma, como alcançar níveis de paciência que jamais pensei que conseguiria.

No meu quarto mês de intercâmbio, conheci o Brandon, que hoje é meu marido. Casamos no fim do meu programa de *au pair*. Estamos comemorando o nosso terceiro ano de casamento, e estamos muito, mas muito felizes.

Dicas da Cyntia: Não entre no programa pensando que o seu ano será um grande passeio na Disneyworld. Ser um *au pair* é ter um trabalho. Há horários a cumprir, tarefas a serem feitas, e crianças para cuidar que, nem sempre, estarão bem-humoradas. Se já temos desentendimentos morando com a nossa própria família, imagine morando com uma que não é a sua! Ser responsável e ter bom senso é essencial. Boa comunicação também. Ouça, mas se faça escutar. Não acumule frustrações. Ame as crianças que cuidar e, se não estiver feliz com a família que escolheu, corra atrás do tempo perdido e encontre outra com a qual possa comunicar-se melhor. Tudo é possível para que o seu ano seja inesquecível, e 80% disso depende da sua atitude. Pesquise bastante a região em que quer viver. O que você gosta de fazer? Gosta mais do frio ou do calor? Cidade grande ou pequena? Pense bem, porque o local e o clima também influenciam no seu humor! Não se sinta obrigada a aceitar a primeira família que fizer contato. Opções são muitas. Confie no seu instinto; ele é sempre uma ótima ferramenta para mostrar se você está no caminho certo ou não.

"Saiba tudo sobre sua pós, para sua viagem não virar um passeio"

por Rogério Almeida*

Tipo de intercâmbio – Pós-graduação *sandwich (Doutorado)*
Destino – Distrito de Ashford, Wye, sul da Inglaterra
Duração – 11 meses
Idade quando fez intercâmbio – 36 anos
Profissão quando fez intercâmbio – Engenheiro, com mestrado
Profissão atual – Engenheiro e professor universitário com mestrado e doutorado

---

Durante o meu mestrado, não pensava em morar fora, mas no doutorado surgiu o desejo e fui em busca da oportunidade. Eu estudava em uma universidade bem conceituada no Brasil, e que tinha seu programa de doutorado avaliado como 5 pela CAPES; por isso já tinha bolsa na própria instituição. Além disso, precisava ter notas maiores que 8,0, já ter feito exame de qualificação, e obter uma pontuação mínima no TOEFL.

Decidi que tentaria o doutorado *sandwich* no início de 2000. Fui atrás de tudo o que era preciso, e, um ano e meio depois, com todos os detalhes acertados, documentos prontos e exigências cumpridas, meu embarque foi marcado para outubro de 2001. Estava tudo certo e tranqüilo, mas uma coincidência muito ruim aconteceu. O atentado às torres gêmeas nos Estados Unidos, no 11 de Setembro. Fiquei um pouco inseguro, e meus familiares também.

Como não tinha como adiar a data da viagem, fui me acalmando e acompanhando os noticiários de lá pela internet. Mas não acontecia o mesmo com minha família. Eles continuavam apreensivos. Mesmo assim, embarquei.

A chegada a Londres foi tranqüila, mas, no início, fiquei um pouco assustado. Morava muito próximo de um canal, acho que umas 30 milhas em linha reta. Como havia a ameaça de terrorismo, era comum os jatos da Força Aérea Inglesa fazerem vôos rasantes sobre a vila em que eu morava, porque era próxima da costa. Nos primeiros dias, fiquei apreensivo porque passavam muito, muito baixo, mas logo vi que era rotina.

Quinze dias depois de chegar, comprei um automóvel Lada Samara ano 1992, de uma irlandesa que estava indo embora. Custou 200 libras, e o seguro, 300 libras. Eu podia dirigir por um ano com a carteira do Brasil. No início, era engraçado, porque o volante é na direita. Mas logo acostumei, é rápido! Meus únicos medos eram provocar algum acidente, o que não houve, e as idas ao mecânico. Nesse caso, fui salvo por um alemão, Andreas, que me ajudou e muito!

Meu doutorado fluiu muito bem. Tive sorte com meu orientador. Tinha um pouco de receio nesse aspecto, porque é muito comum as pessoas saírem de seu país para fazer doutorado *sandwich*, como era meu caso, e não receberem a orientação que esperavam. Mas, comigo, o meu orientador era receptivo e me ajudou muito! Devo a ele grande parte do mérito da minha pesquisa!

Como tive o direito de escolher o orientador e a universidade em que estudaria, fiquei feliz com minhas opções, pois a infra-estrutura de suporte aos meus estudos contribuiu muito para que eu fizesse um bom trabalho.

O que mais me marcou foi a educação e o respeito dos colegas, professores e moradores britânicos. Mas, me incomodava viver em um clima que muda muito rápido, e com temperaturas baixas, além do vento forte todos os dias.

A libra esterlina torna as coisas quase insustentáveis para quem vive no mundo do real, como os brasileiros. Eu, por exemplo, gostaria de ter conhecido outros países vizinhos (Irlanda, País de Gales e Escócia), mas desisti por causa dos altos custos da viagem. As promoções de passagens aéreas não eram das mais atrativas. Os vôos promocionais partiam de aeroportos distantes do centro das cidades, e saíam muito cedo. A opção era dormir no aeroporto, o que não pude fazer, pois estava proibido, por causa da ameaça terrorista. Ir de táxi seria caríssimo!

Para mim, essa foi uma experiência muito interessante profissionalmente. Consegui entender como fazem suas pesquisas e como conduzem a vida acadêmica, o que constatei ser totalmente diferente da nossa realidade.

Passei por algumas situações engraçadas, como quando paguei a conta do supermercado pela primeira vez com cartão de débito, o que, no Brasil, ainda não era muito comum. A caixa me perguntou se eu queria troco. Não entendi nada. *Como pode pagar com cartão e ainda receber troco?* Depois, descobri que lá era comum autorizar o débito num valor acima da conta e levar dinheiro de troco, ou seja, fazia um saque no supermercado.

Outra situação engraçada foi quando peguei um trem que voltava de Londres para Ashford. Eram oito vagões e, para admirar a paisagem, fui para o último. Só que eu não sabia que, no meio da viagem, o trem seria dividido em dois. Os quatro primeiros vagões iriam para Ashford, e os quatro últimos seriam pegos por outra locomotiva e iriam para outra cidade. Resultado: fui para a outra cidade sem nem perceber, e tive de comprar outra passagem. Perdi tempo e dinheiro, mas, para mim, foi inusitado, pois aqui no Brasil não temos praticamente nada de transporte ferroviário de passageiros, e jamais imaginaria que poderiam dividir uma composição. Mas, depois dessa, eu fiquei esperto!

Dicas do Rogério: No caso do mestrado ou do doutorado *sandwich*, tenha todas as informações sobre seu orientador, pois se ele não ajudá-lo e você não se empenhar, pode virar uma viagem de passeio, e aí sua pesquisa estará comprometida. Leve mais dinheiro do que acha que vai precisar. Os gastos, na Inglaterra pelo menos, são muito altos. Se optar por comprar um carro, tome cuidado com os acidentes e fique esperto com as coronas! Dei umas caronas que, depois, me arrependi.

"Quem tem boca vai a qualquer lugar (e não só a Roma!)"

por Jade Hahn

Tipo de Intercâmbio – Cursos de idiomas
Destino – Toronto e Quebec, Canadá
Duração – 1 ano
Idade quando fez intercâmbio – 22 anos
Profissão quando fez intercâmbio – Estudante de Direito e Letras
Profissão atual – Advogada na área de Contratos Internacionais

---

No final de 2003, depois de sete anos morando no Rio de Janeiro, e eu já estava entediada. Estava para me formar em Letras, português/inglês, cursava o penúltimo ano de Direito, estagiava na área, lecionava português e estudava francês aos sábados de manhã. Vida profissional, amizades, família, tudo fluía bem. Mas eu ainda queria mais.

Recebi convites para dar aulas de inglês, mas não me sentia apta para tal façanha, embora tivesse dez anos de estudos concluídos em um curso de línguas, e mais os anos da faculdade de Letras. Sem contar que eu andava apaixonada pelo francês. Só queria ler e pensar sobre ele. Falar, eu nem cogitava, apesar de já estudar a língua havia um ano e meio.

Foi assim que o Canadá tornou-se interessante para mim, por ser um país bilíngüe. Reuni cinco amigas na casa dos meus pais em São Paulo, inclusive duas que tinham acabado de chegar do Canadá. Elas me ajudaram a convencer meus pais a patrocinar minha viagem. A prima de uma delas alugava um *basement* em Toronto para estudantes. Empolgada com a idéia de já ter onde morar, só me faltava o curso de línguas.

A época não poderia ser mais oportuna, pois já estava no último ano da faculdade de Direito, meu segundo curso superior, e o ideal seria trancar matrícula naquele momento, pois, quando voltasse, estudaria mais um ano e as matérias estariam fresquinha na memória, para prestar a prova da OAB.

Nunca vou me esquecer do dia em que cheguei a Toronto: fazia 18 graus negativos!!! Mesmo assim, saí para fazer o reconhecimento do quarteirão. Eu vestia três calças, cinco blusões, casacão, cachecol, gorro e luvas, mas mal conseguia andar. Havia um vento de 32 quilômetros por hora, dado que passei a considerar, pois a velocidade do vento interfere na sensação térmica. Impressionante foi a visão de um legítimo canadense andando calmamente e vestindo nada mais que uma camisa de malha de manga comprida. Só fui entender isso um ano depois, quando completava meu segundo inverno no Canadá, e já não sentia o mesmo frio inicial. Caminhava com uma blusa, um casaco e uma calça, não importando o frio que fosse.

Eu e minha amiga Renata embarcamos com o objetivo de ficar durante seis meses em Toronto, mas o fato, por mim até então desconhecido, de que lá quase não se usa o francês, a não ser nos prédios e órgãos governamentais, me fez programar parte da minha estada na cidade de Quebec, e, assim, estender minha viagem para um ano.

O charme e agitação de Toronto me seduziram por nove meses, e os últimos três meses fiquei em Quebec. Já, minha amiga, por causa de um acidente no nosso veículo de locomoção favorito no verão – os patins – teve de interromper a viagem após quatro meses e voltar para o Brasil para ser operada no pulso, e ter o devido resguardo familiar.

Importante comentar que a família faz uma grande falta. Mas passamos a criar nossa própria família, e, o mais legal, uma família escolhida por nós. Lembro do primeiro pacto que fiz com Renata: falar sempre em inglês. É óbvio que brasileiro atrai brasileiro, brasileiro atrai a língua portuguesa, e brasileiro há em todo canto. Para evitar falar português, reuníamo-nos com nosso círculo de amizades estrangeiras, e, assim, sempre falávamos em inglês.

E o arroz e feijão? Ah, que saudades! Houve uma semana em que convidamos a todos para comer em uma churrascaria brasileira. Lá, um rapaz canadense puxou papo comigo. Disse que planejava morar no Brasil e que gostaria de ter aulas de português. Animada com a idéia, propus que nos encontrássemos três vezes por semana em um tradicional *coffee shop* canadense, "Tim Hortons", para eu lhe dar uma hora de aula de português e vice-versa, visto que o meu objetivo não era a gramática, mas sim a fluência, e, principalmente, ter um sotaque menos "abrasileirado". Deu muito certo!

Quando resolvi mudar para Quebec, fui morar com duas irmãs e um menino. Uma das irmãs queria aprender português, então pude fazer esse mesmo esquema de trocas de aulas. Quebec não é uma capital como Montreal, que está preparada para acolher estrangeiros. Talvez esse seja seu maior charme. Justamente não ter pessoas que falem o inglês, obrigando-me a me comunicar somente em francês o dia inteiro.

Um ano se passou, o tempo necessário para me fazer sonhar tanto em inglês quanto em francês. Por serem línguas bem diferentes, não houve qualquer confusão, muito embora eu não possa negar que, às vezes, eu sabia um termo em uma das línguas e não sabia na outra. Mas isso me obrigava mais ainda a pesquisar e a saber falar as palavras em português, inglês e francês.

Meu único medo, desde o início, foi o de não querer sair de lá. Mas, uma hora o dinheiro acaba, e a responsabilidade volta à tona. Eu sabia que precisava voltar ao Brasil e me formar.

Voltei com coragem e desenvoltura para dar aulas de inglês até me formar, e hoje trabalho na área que eu queria: Direito e Contratos internacionais. A maioria dos clientes com que trabalho é estrangeira, e a comunicação é toda feita em inglês, e, com alguma sorte, em francês.

Tenho amigas que voltaram de intercâmbios desnorteadas, odiando nossa pátria, os amigos e a família, achando aqui tudo errado. Mas eu aprendi a amar as diferenças e, principalmente, aprendi a ser mais independente, desenvolta, decidida e mais vivida. Histórias para contar aos netos é o que não me falta! E nunca vou esquecer: quem tem boca vai à qualquer lugar (e não só a Roma!).

Dicas da Jade: Se você pretende aprender duas línguas em um único intercâmbio, é bom se preparar para ficar um bom tempo fora. Além disso, é preciso que você tenha um bom domínio ao menos de uma das línguas. Estude antes de ir e aproveite para praticar e aperfeiçoar-se. Esse tipo de intercâmbio é possível, mas o empenho também tem de ser em dobro!